# 한국 음식은
# '밥'으로 통한다

우리 음식문화 이야기

이 도서의 국립중앙도서관 출판시도서목록(CIP)은 서지정보유통지원시스템 홈페이지(http://seoji.nl.go.kr)와 국가자료공동목록시스템(http://www.nl.go.kr/kolisnet)에서 이용하실 수 있습니다. (CIP제어번호 : CIP2014010998)

# 한국 음식은
# '밥'으로 통한다

우리 음식문화 이야기

최준식 지음

한울

# 들어가는 말

　지금 시중에는 한국 음식에 대한 책이 꽤 많이 나와 있다. 그런데 한국 음식을 전체적으로 다루되 쉽게 설명해주는 책은 드물다. 여기서 전체적이라 함은 한국 음식에 대한 정의라든가 한국 음식의 역사 등등을 다 포함하는 그런 시각을 말한다. 이런 한식 관련 책이 없으니 외국인들에게 한식을 간략하게 소개하려 할 때 참고할 수 있는 한식 개론서를 찾기가 어렵다. 한식을 설명하는 책들은 한식 요리 자체의 '레시피(조리법)' 같은 것에만 집중해 설명을 할 뿐 한식의 전체적인 모습을 전달하지는 않는다. 한식 문화는 생각보다 매우 다양하고 그 깊이 또한 깊어 웬만큼 정통하지 않고서는 그 핵심을 전달하기 힘들다. 이 책은 바로 그 점에 착안해 한국의 음식문화가 가진 전체적 얼개를 보여

주려 했다.

　기존 한식 관련 책들의 또 다른 문제점은 너무 과거 음식만 이야기한다는 것이다. 예를 들어 『규합총서』나 『음식디미방』 같은 고서에 나오는 음식이 어떻다느니 하는 것들이 그것이다. 우리가 한식을 연구하려 할 때 당연히 이런 책에 나오는 음식들은 매우 귀중한 자료들이다. 그러나 한국 음식에는 그런 것만 있는 게 아니다. 게다가 더 심각한 문제는 많은 음식 관련 책들이 온통 상층의 귀족 음식들에 대해서만 이야기하고 있다는 데에 있다. 그 책들은 궁중의 음식문화가 어떻다느니, 사대부 집안에서 어떤 음식을 먹었다느니 하는 서술만 한다. 이처럼 전통 음식을 전공한 사람들이 다루는 것은 많은 경우 과거의 귀족들이 먹던 대단히 고상한 음식들이다.

　이들이 간과하고 있는 것 중의 하나는 현재 우리가 먹고 있는 음식에 대한 설명이다. 지금 한국인들이 즐겨 먹고 있는 음식은 현대에 들어와 형성된 것들이 많다. 우리의 현재 식단을 형성하고 있는 이 음식들을 설명하지 않고서는 한국 음식을 제대로 말할 수 없다. 그런데 이 현재 음식을 가능하게 한 것은 전통 음식이다. 따라서 전통 음식에 대해서 알아야 하며 그렇게 하기 위해서는 한국음식사를 일별하지 않으면 안 된다. 한식을 다룬 책들을 보면 한국음식사를 일목요연하게 다룬 책이 드물다. 과거의 음식을 다루기는 하는데 그것을 역사적으로 한 줄로 꿰서 서술한 책은 그다지 눈에 띄지 않는다. 이 책에서는 현대 한국 음식이 어떤 배경으로 태어났는가에 대해 그 역사를 간략하게 훑어본다. 비근한 예를 들어본다면, 소주가 언제 한국의 식단에 들어왔는지, 또 그 소주는 지금의 희석식 소주와 어떻게 같고 다른지 등을 역사적인 관점에서 다루는 것이 그것이다.

이런 여러 점들을 염두에 두고 이 책은 우선 한식의 특징에 대해 항목별로 설명하는 것으로 시작한다. 여기에서는 수많은 세계의 음식 가운데 한국 음식이 어떤 특징을 갖고 있는지에 대해 항목별로 소개될 것이다. 이 부분만 잘 숙지한다면 외국인들에게 한식을 소개하는 데에 별 문제 없을 것으로 생각된다. 그다음은 한식의 역사이다. 오늘날 우리가 먹고 있는 한식이 어떤 과정을 거쳐 형성되었는가를 보는 것은 대단히 중요한 일이다. 마지막에는 현대에 나온 음식을 중심으로 한식 열전을 구성해보았다. 우리는 여기서 불고기나 삼겹살, 라면, 부대찌개와 같은 한식이 언제, 어떻게, 어떤 배경에서 생겨나게 되었는지를 보게 될 것이다. 그러나 여기서 역사가 오래된 음식들에 대해서는 전혀 언급하지 않았다. 예를 들어 설렁탕이나 냉면 등과 같은 비교적 유서가 있는 음식들은 거의 다루지 않았다. 이런 음식들에 대해 설명한 책은 시중에 많기 때문이다.

이 책의 서술 방식은 끊임없이 질문을 던지고 그것에 답하는 방식으로 이루어져 있다. 이름 하여 '뭐다 한국학'이다. 예를 들어 '불고기의 특징은 뭐다?' 하는 식으로 질문을 던지는 것이다. 이렇게 서술 방식을 잡은 것은 질문을 하고 답하는 것이 내가 일방적으로 서술하는 것보다 낫다고 생각했기 때문이다. 질문을 통해 독자로 하여금 문제의식을 느끼게 하면 독자들이 궁금증을 가지고 더 재미있게 접근하지 않을까 하는 심산이 있었다. 사실 이런 서술 방식은 답사 중에 학생들에게 '석가탑은 뭐다?'라는 식으로 퀴즈를 던지던 것을 차용한 것이다. 그렇게 질문을 던지면 학생들의 집중을 유도할 수 있어 훨씬 더 지식 전달이 잘되었던 기억이 난다. 이 책에서도 그런 의도가 통했으면 하는 바람이다.

항상 그렇듯이 한 권의 책이 나오는 데에는 많은 분들의 도움과 노력이 필요하다. 무엇보다도 감사드려야 할 분은 도서출판 한울의 김종수 사장님이다. 음식을 전공하지 않은 필자의 원고를 흔쾌히 받아준 데에 크게 감사드린다. 아울러 도서출판 한울의 편집진, 그중에서도 이 책의 편집을 맡아준 고혁 씨에게도 감사를 전한다. 고혁 씨는 내가 만나본 편집자 중에서 가장 꼼꼼한 편집자였다. 끝으로 사진 자료를 제공해준 한국문화학교장 송혜나 박사께도 감사드리고 싶다. 이 책을 내면서 마지막으로 바라는 것은 이 작은 책이 한식에 대해 관심을 가진 국내외의 독자들에게 작은 길잡이가 되었으면 하는 것이다.

2014년 이른 봄에
지은이 삼가 씀

# 차례

# 3부 그 뒤에 만들어지는 한국 음식들은 뭐다?

1부

# 한국 음식은 뭐다?

# 한식은 어떻게 정의할 수 있을까?

## 한식은 밥이다

 

 

미국의 어느 음식 평론가가 한식을 두고 "이렇게 훌륭한 음식이 세계에 알려지지 않은 것은 불가사의하다"고 말했다고 한다. 이 의견에 동의하든 안 하든 한국 음식은 대단한 역사와 문화적 깊이, 그리고 엄청난 다양성을 갖고 있다. 혹자는 한국 음식이 아무리 대단하다 해도 중국 음식의 다양성에는 못 미치는 것 아니냐고 할 수도 있다. 물론 중국 음식은 대단히 다양하다. 그러나 중국 음식은 지나치게 기름에 볶는 데에 의존하고 있다는 의미에서 다양성이 떨어진다고도 볼 수 있다.

그렇게 음식을 많이 볶다 보니 중국 음식에는 날로 먹는 게 거의 없다. 예를 들어보자. 한국인이나 일본인들은 생선회를 아주 즐겨 먹지만 중국인들은 거의 먹지 않는다. 육회도 중국 음식에서는 잘 발견할 수 없다. 아울러 중국인들은 채소를 조리하지 않고 그냥 먹는 경우도 그리 흔하지 않다. 또 고기를 먹을 때에도 한국인들은 푸성귀를 많이 가미해서 먹지만 중국인들에게서는 이런 식습관을 찾기 힘들다. 따라서 날것을 먹느냐 안 먹느냐의 입장에서 보면 중국 음식은 다른 나라 음식에 비해 그 순위가 한참 밀릴 수밖에 없을 것이다. 이렇듯 음식은 상대적인 관점에서 보아야 한다.

한식도 발달한 부분과 그렇지 못한 부분이 있다. 이 점은 세계의 모든 음식이 그럴 게다. 그렇다면 한식은 어떤 면에서 가장 두드러진 특징을 찾을 수 있을까? 만일 어떤 외국인이 '한식은 어떤 음식인가' 하고 물으면 우리는 어떻게 대답할 수 있을까? 이럴 때 우리가 할 수 있는 답변은 "한식은 밥이다"라는 아주 간단한 명제이다. 이것을 좀 더 풀어 설명하면, 우리 음식은 대부분 밥을 먹기 위해 차려진다는 것이다. 우리 음식의 많은 특징들이 여기에서 파생되기 때문에 이 특징은 대단히 중요하다. 그러면 다음의 대화를 주목해보자. 우리가 일상적으로 자주 하는 대화로 어떤 드라마에 나온 것이다.

남: 오늘 어땠어?
여: 아주 좋았지. 그런데 밥은 먹었어?

남: 아직. 오늘 정신없이 바빴거든.

여: 정말? 그럼 우리 밥이나 먹으러 가자.

이 대화를 통해 추론해보면 이들은 곧 밥을 먹을 텐데, 그렇다고 이들이 식당에 가서 밥 한 공기만 먹는 것은 아닐 것이다. 여기서 '밥'은 물론 쌀을 끓이거나 쪄서 만든 것을 뜻하기도 하지만 이것은 좁은 의미의 밥이고 넓은 의미로는 끼니로 먹는 음식 전체를 뜻한다. 그래서 점심 때 이탈리아 국수(스파게티)나 베트남 국수를 먹으러 가면서도 '밥 먹으러 간다'고 하는 것이다.

끼니로 먹는 음식 전체를 통칭할 때 이렇게 밥이라고 표현한 이유는 우리 한국인들은 밥을 먹는 것만이 끼니를 먹는 것이라고 생각했기 때문이다. 그래서 우리 음식은 대부분 밥을 먹기 위해서 차려진다. 다시 말해 밥 옆에 차려지는 국이나 장 혹은 반찬들은 그것 자체로는 의미가 없고 반드시 밥과 같이 있을 때에만 존재 이유가 있다고 할 수 있다. 이 상황을 아주 쉬운 비유를 들어 설명하면, 밥이 왕이라면 국은 왕비라 할 수 있고 장이나 김치 같은 것은 여느 반찬들보다 격이 높으니 정승이라 할 수 있겠고 그 나머지 반찬들은 그 경중에 따라 그 밑의 관리라 할 수 있다. 그래서 그런지 아무리 맛있는 국이 나오고 좋은 반찬이 나온다 하더라도 밥이 없으면 그 음식은 아무 의미가 없게 된다.

그래서 밥을 주식이라 하고 국을 비롯한 다른 반찬들을 부식이라고 하는 것이다.

밥을 먹지 않으면 그 끼니를 먹었다고 생각하지 않기 때문에 한국인들은 식당에서 무엇을 먹든 마지막에는 밥을 먹는다. 그래야 그 끼니가 완성되기 때문이다. 예를 들어서 삼겹살이나 등심 같은 고기구이를 먹을 때 마지막에 된장찌개와 밥을 먹는 경우가 많다. 물론 냉면이 가능한 집에서는 냉면을 먹을 수도 있다. 그런데 이렇게 음식을 실컷 먹어놓고 밥을 마지막에 먹는 것은 좀 이상하지 않은가? '헤비한' 고기를 잔뜩 먹어 배가 있는 힘껏 불러 있을 텐데 여기에 주식인 밥을 더 먹는 것은 이상한 일이 아니겠냐는 것이다. 이것을 서양 음식에 비유해보면, 서양인이 스테이크를 코스 요리로 다 먹고 마지막에 빵을 잔뜩 먹는 것과 같은 것 아닐까? 서양인이 실제로 이렇게 먹는다면 이것이 얼마나 어색한 일인지는 말할 필요도 없을 것이다.

마찬가지로 생선회를 먹을 때에도 한국인들은 마지막에 매운탕과 밥을 먹는다. 이것도 일본인의 식습관과 비교해보면 얼마나 어색한지 모른다. 일본인들이 사시미(생선회)를 실컷 먹고 마지막에 얼큰한 탕을 끓여 밥과 같이 먹는 것은 생각할 수 없는 일이다. 한국인들은 이처럼 밥만 좋아하는 것이 아니라 국(탕)도 엔간히 좋아하는데, 한국인들의 국 사랑 정신은 나중에 다시 볼 것이다. 이런 국들은 보통 고추나 고추장으로 간을 하니 한국인들의 매운맛 사랑이 여기서 또 보인다. 그런가 하면 회 정식[1]이 아니라 해물매운탕처럼 탕을 중심으로 먹는 경우에는 마지막에 그 냄비에 밥을 볶아 먹음으로써 밥 먹는 것을 거르지 않는 경우도 적지 않다.

이처럼 한국인들이 밥을 가장 중요하게 여기기 때문에 우리나라 식당에서는 아주 재미있는 일이 벌어진다. 이것은 우리 한국인들에게는 당연하게 여겨지지만 외국인들에게는 신기하게 보이는 일이다. 나도 프랑스 국적의 외국 제자가 의문을 제기하기 전까지는 이 사실을 알지 못했다. 그 학생은 한국 식당에 처음 갔을 때 한국인들이 반찬을 공짜로 추가해서 먹는 것을 보고 놀랐다고 한다. 우리들이 식당에 가서 밥 먹을 때 김치나 콩나물 같은 반찬을 그냥 달라고 하는 것은 하나도 이상하지 않다. 왜 그럴까? 그것은 반찬이라는 것은 밥을 먹을 때 당연히 밥에 붙어 나와야 하는 것이기 때문이다. 그래서 부식이라고 하는 거다. 그런데 이 외국 제자의 눈에는 반찬을 더 시키는 게 음식을 더 시키는 것으로 보인 것이다. 음식을 더 시켰는데도 돈을 받지 않으니 그게 이상하다는 것이다.

제자의 이야기를 듣고 나니 더 이상한 점이 보이기 시작했다. 더 이상한 점이란 이렇게 반찬은 공짜로 주면서 밥 한 공기를 시킬 때에는 반드시 돈을 받는다는 것이다. 예를 들어 해물매운탕을 시키면 반찬은 그냥 딸려 나올 뿐만 아니라 그 반찬들은 얼마든지(?) 추가 주문할 수 있다. 그런데 별로 비싸 보이지 않는 밥을 시킬 때에는 반드시 1,000원씩을 받는다. 김치 한 접시나 콩나물 한 접시가 밥 한 공기보다 원가[2]가 더 높을 텐데 이상스럽게도 비싼 건 그냥 주고 싼 것은 돈을 받는다. 밥은 그냥 밥솥에다가 하니까 그리 손이 갈 일이 없는 반면 반찬은 조리를 해야 하니 손이 많이 가고 따라서 인건비가 상승될 것이다. 게다가 반찬은 여러 가지를 추가로 주문해도 되니 그저 반찬 한 접시만 먹는 게 아니라 여러 접시를 먹을 수 있다. 그렇게 되면 추가 주문 반찬에 들어가는 비용이 만만치 않을 것이다. 이것을 모두 계산해보면 밥 한 공기와 반찬 총량의 값은 비교가 안 될 것이다. 그런데도 그 비싼 반찬을 그냥 막 주니 그게 이상하다는 것이다(배춧값이 흉작으로 하늘 높은 줄 모르고 올랐을 때에도 김치 추가 주문을 결코 거절할 수 없었다는 식당 주인의 이야기는 유명하지 않은가).

이런 일이 왜 일어나게 되었을까? 왜 그 비싼 반찬은 몇 접시를 공짜로 주면서 흔하디흔한 밥 한 공기에 대해서는 돈을 받는 것일까? 영업적인 면에서 보면 싼 밥은 그냥 공짜로 주고 비싼 반찬값을 받는 게 더 이익일 텐데 왜 그렇게 못하는 것일까? 여기에 대한 해답은 앞에서 말한 데에서 찾을 수 있다. 밥은 주식이라 돈을 내야 주는 것이고 반찬은 부식이라 그냥 주는 것이기 때문이다. 다시 말해 밥이라는 주식을 사면 부식은 자동적으로 딸려 나오는 것이라 밥 사는 데에만 돈을 내면 나머지 것은 자동으로 해결된다는 것이다. 그래서 이렇게 납득하기 힘든 상황이 생겨난 것인데 사정이 이러하니 식당 주인은 추가 반찬에 돈을 받고 싶어도 받을 수가 없게 된다. 밥이 주식이라는 한식에 대한 관념이 한국인들에게 강하게 뿌리 박혀 있기 때문에 식당 주인도 이렇게밖에 할 수 없을 것이다.

이러한 정황을 이웃나라인 일본이나 중국의 경우와 비교해 보면 재미있는 일들을 관찰할 수 있다. 우선 일본의 경우를 보자. 김치 같은 반찬은 이제는 국제적인 음식이 되어 일본에 있는 일반 식당이나 술집에서도 많이 판다. 내가 일본에 갔을 때 어떤 선술집에 가보니 재미있게도 아주 작은 종지에 들어 있는 김치를 300엔에 팔고 있었다. 300엔은 그 당시의 환율로 계산해보니까 약 3,500원 정도가 되었다. 그래서 속으로 어떻게 식당에서 김치를 팔려는 생각을 했을까 하는 의구심이 강하게 들었던 기억이 있다. 게다가 무슨 염치에 김치 몇 조각을 3,500원이나 받을 생각을 했을까 하는 의아스러운 심정도 새삼 기억난다. 이런 것들은 모두 한국인들에게는 식당에서 김치를 사 먹는다는 것이 있을 수 없는 일이기 때문에 생긴 일일 것이다.

다음으로 중국의 경우를 보자. 중국에서 식당에 가보면 요리가 나오는 초반부터 밥이 나오는 것을 알 수 있다. 이 밥은 커다란 그릇에 담겨 있어 각자가 필요한 만큼 덜어 먹으면 된다. 그런데 이 밥에 대해서는 돈을 받지 않는 경우가 많다. 그리고 얼마든지 더 달라고 해도 좋으니 마음대로 주문하라고 한다. 밥은 다 공짜인 것이다. 중국의 음식점에서는 왜 이처럼 우리나라와는 다른 일이 벌어질까? 위의 공식을 대입해보면, 중국 음식에서 밥은 우리처럼 주식이 아니기 때문에 이런 일이 생기는 것일 것이다. 중국 음식은 워낙 다양해 일률적으로 말하기는 힘들지만 그네들의 식탁에서는 밥공기가 우리네 식탁처럼 가장 중요한 위치에 있지 않다. 물론 밥이 중국 음식에서 중요하지 않은 것은 아니지만 여러 요리를 먹을 때 같이 먹는 수준이지 우리 음식에서처럼 독자적이고 최고의 위치를 갖고 있는 것은 아니라는 것이다.

이런 이야기가 나온 김에 말하자면, 사실 코스 요리로 음식이 나오는 한정식에서는 이 중국식처럼 처음부터 밥이 나와 있는 게 맞다. 앞에서 누누이 본 것처럼 우리 민족은 한 번도 요즘 한정식집에서 하는 것처럼 요리만 먹다가 맨 나중에 밥을 먹는 경우가 없었기 때문이다. 그래서 밥을 처음부터 갖다 놓고 알아서 먹으라고 하는 게 보다 더 합리적인 식습관이 아닌가 싶다. 사실 요즘 한정식집은 문제가 굉장히 많다. 많아도 너무 많다. 이 점은 나중에 상차림에서 다시 보기로 하자.

마지막으로 한국인들이 쌀(밥)을 지칭하는 여러 가지 단어에 대해서 보자. 영어로는 'rice'라는 단어 하나밖에 없지만 한국어에서는 쌀의 상태에 따라 여러 가지 이름으로 불리고 있음을 알 수 있다. 더 세분화해서 말할 수도 있지만 크게 나누면 다음의 세 단계로 나눌 수 있을 것이다. 우선 아직 베기 전의 상태를 '벼'라고 한다면 다 익은 것을 베어 방앗간에서 껍질을 벗긴 상태는 '쌀'이라고 부른다. 그다음에 그것을 솥에 넣고 물과 함께 끓이면 그때에는 '밥'이라고 부른다. 이렇게 하나의 동일한 대상을 가지고 여러 이름으로 부르는 것은 그만큼 쌀(혹은 밥)이 한국인들의 일상에서 차지하는 위치가 중요하기 때문이 아닐까 하는 생각이다.

# 한국인들은 왜 쌀(밥)을 좋아할까?

전통적으로 한국인들이 오로지(?) 밥을 먹기 위해 음식을 먹는다는 것은 위에서 본 대로이다. 그렇다면 한국인들은 왜 쌀로 만든 밥을 그리도 좋아할까? 사실 한국인만 쌀을 좋아하는 것은 아니다. 자신들이 먹는 주식만 가지고 세계 민족을 나누어본다면 크게 밀가루로 만든 음식을 주식으로 하는 민족과 쌀로 만든 음식을 주식으로 먹는 민족으로 나눌 수 있다. 이 가운데 쌀을 주식으로 먹는 민족은 셀 수 없이 많다. 따라서 한국인만 쌀로 만든 음식을 좋아한다고 할 수 없을 것이다. 사정이 그렇다면 그 다음 질문은 '왜 인류는 쌀을 좋아하는가'가 아닐까?

답은 간단하다. 쌀은 아주 훌륭한 음식이기 때문이다. 그런데 한국 사람들을 비롯해 쌀을 주식으로 하는 사람들은 대체로 쌀을 밀보다 훨씬 뛰어난 음식으로 생각하는 경향이 있는 것 같다. 그러나 전문가들은 이 의견에 대해 다소 다른 견해를 가지고 있다. 수치만 보면 밀가루가 쌀보다 더 많은 영양소를 가지고 있다고 한다. 그런데 전체적으로 보면 쌀이 밀보다 우수하다고 할 수 있다. 그것은 영양소가 흡수되는 정도에서 쌀이 밀보다 더 우수하기 때문이다.

이게 무슨 말인지 가능한 한 쉽게 설명해보자. 쌀의 주성분이 탄수화물이라는 것은 잘 알려진 사실이다(전체의 약 80%가 탄수화물이다). 물론 다른 식품에도 탄수화물이 있지만 쌀에 있는 탄수화물은 소화흡수율이 98%나 된다고 한다. 이것은 쌀이 소화가 잘되는 음식이라는 것을 의미한다. 그래서 쌀은 누구에게나 좋은 음식이라고 하는데, 특히 아기들을 위해 만드는 최초의 이유식이 쌀로 만든 미음인 것을 보면 쌀의 높은 흡수율을 알 수 있지 않을까 싶다.

물론 쌀에 탄수화물만 있는 것은 아니다. 단백질을 비롯한 다른 많은 영양소도 있다. 그런데 이런 영양소들이 들어 있는 양을 보면 밀이 쌀보다 많다. 쌀에는 6~7%의 단백질이 있고 밀가루에는 10~11%의 단백질이 있다고 하니 일단 수치로는 밀이 높다. 그러나 단백가, 즉 체내 이용률로 보면 쌀은 70~80%인 반면 밀은 40~50%에 달하기 때문에 쌀이 더 양질의 단백질을 갖고 있는 것이 된다. 게다가 이 쌀 단백질에는 우리 몸에 없어서는 안 되는 필수 아미노산인 '라이신'이 밀가루를 포함해 조나 옥수수 같은 다른 곡식보다 약 2배 가까이 많다고 한다. 쌀의 단백질이 흡수율이 뛰어나다는 것은 앞에서 이미 언급했다. 또한 쌀에는 탄수화물이나 단백질 외에도 칼슘, 칼륨, 마그네슘 등 다양한 영양소들이 포함되어 있다. 그래서 쌀이 훌륭한 식품이라고 하는 거다.

쌀에 이렇게 영양이 풍부하니 밥을 먹을 때 다른 부식이 그리 많이 필요하지 않다. 밥을 먹을 때 우리는 국과 김치, 그리고 반찬 약간이면 한 끼 식사로 충분하다. 이것은 밀가루를 주식으로 하는 사람들이 빵을 먹을 때 단백질 보충을 위해 고기를 먹는 것과 대조를 이룬다.

한국인들의 이러한 식습관은 비만을 방지하는 효과도 있다. 쌀을 많이 먹으면 고기를 아예 안 먹거나 적게 먹을 수 있을 뿐만 아니라 군것질도 적게 해 비만해질 염려가 현저하게 줄어든다. 그런데 요즈음은 고기 등과 같은 부식을 많이 먹으면서 쌀소비량이 눈에 띄게 줄었다. 그렇게 되니 그와 반비례해서 비만이 엄청나게 늘었다. 따라서 비만을 잡고 싶으면 쌀을 많이 먹으면 된다는 결론이 나올 수도 있겠다. 물론 밥을 먹을 때에 전통식으로 채소와 장 등으로 식단을 채우라는 것이지 밥과 함께 삼겹살과 같은 고기(그리고 술)를 많이 먹으라는 것은 아니다.

그러면 쌀은 문제점이 없는 것일까? 문제라기보다는 쌀의 특징이라고 할 수 있겠다. 우선 쌀로 만든 밥은 밀가루로 만든 빵에 비해 휴대하기가 불편하다. 빵은 일단 완성되면 갖고 다니기가 편하고 조금만 신경 쓰면 오랫동안 보관하는 것도 그리 문제가 되지 않는다. 그러나 밥은 완성되더라도 갖고 다니기가 불편할 뿐만 아니라 하루 이상을 가기가 힘들다. 특히 여름철에는 수분 때문에 더 빨리 부패하니 조심해야 한다.

쌀이 훌륭한 음식이라 하지만 하루에 3번을 다 쌀만 먹는 일은 쉬운 것이 아니다. 게다가 우리가 보통 먹는 쌀은 원곡을 심하게 깎아 씨눈에 있는 비타민 등의 다양한 양분이 제거된 쌀, 즉 백미이다. 사정이 그러하니 매일 먹는 쌀에 다양성도 부여하고 영양가를 높인다는 의미에서 다양한 잡곡을 넣어 밥을 만드는 경우도 많다. 여기에 넣는 곡식 가운데 우리에게 친숙한 것은 콩, 보리, 조, 팥, 옥수수 등인데, 이런 곡식을 넣어 아주 다양한 잡곡밥을 만들 수 있다. 쌀에 이렇게 다양한 곡식을 넣어 혼합적인 밥을 만드는 나라가 우리나라 말고 또 있는지 모르겠다.

혼합 밥의 종류는 이것으로 그치지 않는다. 계절마다 또는 지방마다 다른 것을 넣어 아주 다양한 밥을 만들 수 있다. 이렇게 만들어진 밥을 보면, 콩나물밥이나 김치밥, 밤밥, 무밥 등 그 다양함을 다 헤아릴 수가 없다. 이렇게 채소를 넣은 밥에 대해 한국 음식의 대가였던 이성우李盛雨(1928~1992) 교수는 '구황救荒'과 '풍류風流'를 겸한 밥이라는 멋진 표현을 했다. 구황이라 함은 기근 때 굶주림을 면하게 해주는 것을 뜻한다. 이 교수에 따르면 이런 음식은 먹을 게 귀하던 때에 사람들에게 영양을 제공했을 뿐만 아니라 멋이 표현되기도 했다고 한다. 밥과 섞어 먹을 수 있는 채소에 대해서는 서유구徐有榘(1764~1845)가 19세기 초에 쓴 『임원십육지林園十六志』에 잘 소개되어 있다. 여기에는 우리에게 그다지 익숙하지 않은 채소들이 많이 나오는데 예를 들어 산초나 줄풀(볏과에 속함)의 열매, 연뿌리, 국화 등이 그것이다.

그럼 이런 채소들을 왜 넣게 되었을까? 한마디로 하면 쌀이 부족해서 넣은 것이라 할 수 있다. 다시 말해 밥의 전체 양을 늘려서 허기를 면하려고 한 것이다. 아무래도 채소를 넣으면 밥의 양은 많이 늘기 마련이다. 그래서 구황, 즉 기근이 들었을 때 그런 밥으로 사람들을 구한다고 말한 것이다. 물론 채소가 제공하는 영양분도 잊어서는 안 된다.

그런데 밥에 넣어 먹는 채소들을 보면 다른 것들보다 향이 좋은 채소들이 사용되었음을 알 수 있다. 특히 향기가 은은하고 그윽하다. 그래서 이성우 교수는 풍류를 즐겼다고 한 것이다. 배를 불리려고 밥에 채소를 많이 넣어 먹었지만 그런 경황이 없는 상황에서도 채소의 그윽한 향을 즐기는 풍류 정신을 잊지 않았다는 것이다. 조상들이 정말 풍류 정신으로 그렇게 했는지는 확인할 수 없지만 이 채소들이 향이 좋은 것은 사실이다.

그런가 하면 지방마다 다른 재료를 넣는 경우가 있다고 했는데 그 대표적인 것으로 통영의 굴밥을 들 수 있겠다. 통영은 굴이 유명하니 굴을 넣고 밥을 한 것이다. 같은 통영에서 나온 멍게비빔밥도 이 계열에 속한다고 보면 되겠다. 특히 굴밥은 맛이 좋아 수도권 지역에도 체인점이 생겼다. 이런 예를 들면 한이 없을지 모른다. 우리는 이런 수많은 예를 통해 한국인들에게 밥이 얼마나 중요한 의미가 있는지 알 수 있을 것이다. 밥이 한국인의 주식 가운데 주식이기 때문에 이렇게 다양한 변형이 가능한 것이다.

## 한국인의 쌀 사랑은 떡으로

한국인의 남다른 쌀 사랑이 적나라하게 보이는 예가 또 하나 있는데 그것은 다양하기 이를 데 없는 떡이다. 떡은 참으로 한국 특유의 식품이다. 여기서 그 다양한 떡의 종류를 다 말할 필요는 없다. 워낙 우리들의 일상생활 속에 깊이 들어와 있기 때문이다. 한국인들은 떡을 일상적인 음식보다는 별식으로 생각했던 것 같다. 명절이나 생일, 제사, 굿판 같은 축제나 종교적인 행사가 벌어지면 반드시 떡을 먹었기 때문이다.

한국인들이 떡을 얼마나 사랑하는가는 한국어 표현에 떡과 관계된 속담이 얼마나 많은가만 봐도 알 수 있다. '밥 위에 떡' 같은 속담부터 떡과 관계된 속담은 부지기수로 많다. 아마 이 가운데 우리에게 가장 익숙한 속담은 '떡 줄 사람은 생각도 않는데 김칫국부터 마신다'일 것이고, 비슷한 속담으로 '떡방아 소리 듣고 김칫국 찾는다' 정도가 있다. 그런가 하면 '웬 떡이냐'라는 표현 역시 아주 일상적으로 쓰는데, 이 구절은 예기치 않은 떡이 생겼을 때 하던 말이 일상적인 표현으로 정착된 것이다.[3] 또 배고픈 사람이 밥 한 그릇을 뚝딱 먹는 것을 두고 '떡 본 며느리 같다'고 하는 속담이 있다. 이것은 시집온 며느리가 밥을 제대로 못 먹고 있다가 떡이 생기면 시어머니 몰래 후딱 먹어치우는 것을 두고 나온 표현이다.

또 며느리와 떡이 관련된 속담으로 '떡 다 건지는 며느리 없다'라는 것도 있다. 이때의 떡은 물에 끓여 먹는 경단을 말하는데 이 속담은 며느리가 나중에 (시어머니 몰래) 자기가 먹으려고 그릇 바닥에 떡을 남겨놓는 것을 표현한 것이다. 그런가 하면 한국인들은 자기들이 떡을 워낙 좋아하니까 귀신들도 떡을 좋아할 거라 생각해 이런 속담도 만들어냈다. 즉 '귀신 듣는데 떡 소리 한다'라든가 '떡 본 김에 제사 지낸다', '떡 해 먹을 집안이다'

라고 하는 등 귀신이나 제사와 관련해서 아주 재미있는 속담이 있다.

우리 민족이 떡을 먹기 시작한 것은 삼국시대 이전이니 꽤 오래전이다. 박물관에 가면 삼국시대 고분에서 부장품으로 나온 시루를 쉽게 접할 수 있는데, 이것을 통해 우리는 우리 민족이 떡을 상당히 오래전부터 먹었다는 것을 알 수 있다. 그런가 하면 신라 초에 남해 차차웅의 아들인 유리가 석탈해와 떡을 가지고 왕위 계승권을 결정한 유명한 이야기가 전해진다. 그리고 같은 신라시대에 백결이 쌀이 없어 떡을 만들지 못하자 자신의 금琴[4]으로 떡방아 소리를 연주했다는 이야기도 전해진다. 이 이야기들은 모두 우리 민족이 이전부터 떡을 즐겨 먹었다는 사실을 보여준다.

고려시대에도 여러 종류의 떡이 발달했는데, 특히 차를 마실 때 먹는 다식茶食이 이때 만들어졌다. 다식은 온전한 떡은 아니고 약간 변형된 떡으로, 우리는 이 사실을 통해 떡이 계속해서 발전해갔다는 것을 알 수 있다. 조선시대에 떡이 어떻게 발전해 갔는지는 다행히 꽤 구체적으로 알 수 있다. 여러 가지 음식 책이 만들어졌고, 그 가운데 대표적인 책에 떡이 대거 등장하기 때문이다. 예를 들어 17세기에 만들어진 『음식디미방』(안동 장 씨 저서)에는 이미 떡과 한과가 30가지 이상 등장하고 있다. 이보다

200년 정도 뒤에 쓰인 『규합총서』(빙허각 이 씨 저서)에는 50가지 이상의 떡과 한과가 소개되어 있는데, 이렇게 떡의 가짓수가 늘어난 것을 보면 떡이 계속해서 발전해갔다는 것을 알 수 있다.

그런데 요즘 한국인들이 우리 떡보다 서양의 떡인 케이크를 훨씬 더 좋아한다고 하여 그것을 우려하는 소리가 있다. 건강과 영양적인 면에서 서양 떡이 문제가 많음에도 불구하고 그것만 찾으니 걱정된다는 말일 게다. 그러나 이것은 현대 한국인들이 워낙 커피를 좋아하기 때문이 아닐까? 커피와 잘 맞는 음식은 달달한 서양 케이크이니 그렇게 된 것이라는 것이다. 떡은 그렇게 달지 않을 뿐만 아니라 달다 하더라도 은은하게 맛이 나지 케이크처럼 요란스럽게 달지는 않다. 게다가 우리 떡은 수많은 채소나 약재들을 넣어 만들 수 있어 아주 좋은 건강식이 되기도 한다. 우리 떡의 이러한 효용은 아마 시대가 뒤로 갈수록 더 밝혀지고 그에 따라 사람들도 더 좋아하게 될 것이다.

한국인의 떡 사랑은 현대에 들어와 뜻밖의 음식에서 다시금 발현되는데 '떡볶이'가 그것이다. 대체로 1950년대부터 국민들이 많이 먹기 시작한 이 떡볶이라는 음식은 그 후 전 국민적인 사랑을 받아 한국인 중에 이 음식을 싫어하는 사람이 없을 정도로 국민 음식이 되었다. 물론 주식이 아니라 간식으로서 그렇다는 것이다. 지금은 외국인들에게도 많이 소개되어 떡볶이는 불고기, 잡채와 더불어 외국인들이 가장 좋아하는 한국 음식으로까지 그 지위가 격상되었다(그런데 외국인들 중에는 떡의 질감을 별로 좋아하지 않는 사람도 있다고 한다). 이러한 떡볶이 사랑은 정부도 움직여 농림축산식품부는 2009년 5개년 계획으로 140억 원을 투입해 떡볶이 산업을 본격적으로 가동시키고 있다. 이러한 사건들은 모두 한국인들이 예로부터 떡을 '너무나도' 사랑했기 때문에 나온 결과가 아닌가 한다.

# 한식은 왜 다 차려놓고 먹을까?

## 한식은 이른바 '공간전개형' 음식

한식의 가장 큰 특징이 밥을 먹기 위해 모든 순서가 진행된다는 것은 앞에서 이미 보았다. 이 때문에 또 다른 한식의 특징이 나오는데 그것은 한식이 '공간전개형' 음식이라는 것이다. 공간전개형이란 한 상(공간)에 모든 음식이 한꺼번에 나오는 것을 말한다. 이에 비해 서양식이나 중국식은 음식이 시간을 두고 순차적으로 나오기 때문에 '시간전개형' 음식이라고 한다.

우리 음식이 공간전개형 음식이라는 것은 당연하다. 밥을 먹기 위해 상을 차리는 것이니 밥과 국을 비롯해 모든 반찬이 한 공간에 차려지는 것이다. 이전에 격식을 따져서 상을 차릴 때에는 밥과 국을 바로 앞에 차려놓고 그다음 줄에 간장이나 고추장 같은 장을 배열한다. 그리고 김치는 맨 바깥에 놓고 그 사이에 여러 가지 반찬을 놓는데 이러한 배열 때문에 몇 첩 반상이니 하는 이야기가 나오는 것이다. 그런데 몇 첩 반상이라 할 때 김치나 장은 제외하고 나머지 반찬의 가짓수만 가지고 이야기한다는 것을 잊어서는 안 된다(물론 찌개도 반찬에 포함되지 않는다).

이에 비해 서양식(예를 들어 스테이크 정식 등)은 나름대로의 원리에 따라 각기 다른 음식이 나오고 후반부에 주요리(스테이크 등)가 나온다. 그다음에는 차나 디저트 같은 것으로 전체 코스를 마감하게 된다. 그래서 서양식을 코스 요리라고 하는 것이다. 이것은 중국식도 마찬가지이지만 밥이나 '자차이' 같은 채소가 항상 밥상에 구비되어 있는 것은 서양식과 다른 점이라 하겠다. 그러나 서양식이나 중국식에도 공간전개형 식사가 없는 것은 아닐 것이다. 특히 중국식은 보통 민간에서 간단하게 먹을 때는 음식(요리)들을 상에 다 차려놓고 밥(혹은 국수)이랑 같이 먹을 터이니 공간전개형의 식사라 해도 틀리지 않을 것이다. 사정이 이러함에도 불구하고 일반적으로 중국식이나 서양식은 시간전개적인 특성을 많이 갖고 있는 것은 부정할 수 없을 것이다.

그럼 공간전개형 음식은 어떤 특징을 갖고 있을까? 우선 확연하게 드러나는 것은 반찬을 다 깔아놓고 공유하면서 '겸상'을 한다는 것이다. 다른 나라에서도 밥을 먹을 때 여럿이 같이 먹으니 겸상하는 것이라고 볼 수 있을지 모르지만, 한국의 겸상은 반찬을 공유하는 겸상이라는 면에서 다른 나라의 식습관과 확연하게 구별된다. 한식처럼 반찬을 공유해서 먹는 나라는 흔치 않을 것이다. 서양은 개인주의가 아주 강해 자기 음식과 그릇, 그리고 도구는 자기만 먹고 사용하지 남과 섞는 법이 없다. 심지어 시간 전개형보다는 공간전개형에 가까운 일본 음식에서도 반찬은 공유하지 않는다.

그러면 왜 한국인들은 이렇게 반찬까지 나누어 먹을까? 정확한 답은 더 찾아봐야겠지만 추측건대 한국 사회는 집단성이 강해 그런 것 아닌가 하는 생각을 해본다. 집단성이 강하다는 것은 나와 남을 명확하게 나누지 않는다는 것이다. 개별적인 존재보다는 '우리'라는 집단이 더 중시되는 것이다. 이렇게 나와 너를 구분하지 않으니 반찬 먹을 때에도 우리라는 의식이 작용해 반찬을 공유하는 것이리라.

그러나 우리에게도 독상 혹은 외상의 전통이 전혀 없었던 것은 아니다. 우리나라에서도 남자 노인에게는 외상을 허용했다. 예를 들어 집에 다 모여서 밥을 먹을 때에 할아버지에게만 외상을 차려주는 게 그것이다.[5] 그리고 지금도 지방의 종가에 가서 대청마루 선반을 보면 작은 상들이 많이 걸려 있는 것을 목격할 수 있다. 이것은 큰 제사를 지낸 다음 집안 어른들에게 외상을 차려주기 위해 준비해놓은 것이다. 이처럼 과거에는 장유유서

법칙과 (남자) 노인 공경 원칙에 따라 외상 전통이 부분적으로 시행되기도 했다.

공간전개형 식사에서는 이처럼 반찬을 죄다 깔아놓고 먹으니 좋은 점이 있다. 이것은 공간전개형 식사의 가장 큰 장점으로 생각되는데, 먹는 사람이 자신의 기호에 따라 자유롭게 먹을 수 있다는 것이 그것이다. 먹는 사람의 재량권이 큰 것이다. 비근한 예로 고기를 먹을 때에 한국인들은 고기와 함께 풍부한 채소를 먹을 수 있다. 고기를 먹을 때 마늘이나 기타 채소 없이 고기만 먹는 것은 꽤 힘든 일에 속한다. 마늘 같은 채소들은 고기의 독성을 제거하고 고기를 맛있게 먹을 수 있게 해주어 전체 식사를 한층 더 좋게 해준다. 그런데 스테이크 정식 같은 서양식 코스 요리에서는 채소와 고기를 같이 먹을 방법이 없다. 날채소는 초반부에 나오는 샐러드가 전부이다. 샐러드가 나오면 그냥 그 채소만 먹어야 한다. 그러다 후반부에 주요리인 스테이크가 나오면 그때에는 또 그 고기만 먹어야 한다. 이 둘을 같이 먹을 수 있는 방법이 없다. 밥 먹는 사람은 주는 대로만 먹을 수 있을 뿐이다. 그래서 서양식을 먹노라면 마음대로 음식 먹을 권리를 빼앗긴 것 같은 느낌마저 든다. 물론 다른 식으로도 생각할 수 있다. 예를 들어, 일일이 손수 반찬을 먹으려고 할 필요 없이 모든 시중을 다 들어주니 양식은 더 격이 높은 식사라고 할 수 있을지도 모른다고 말이다.

　그런데 한식과 같은 공간전개형 식사에는 이런 장점과 함께 문제점도 발견된다. 가장 먼저 지적할 수 있는 것은 공간전개형 식사에서는 뜨거운 음식을 빨리 먹지 않으면 쉽게 식을 수 있다는 것이다. 예를 들어 잡채 같은 음식은 식으면 맛이 매우 떨어지는데 계속해서 상 위에 놓아두면 식게 되어 맛이 없어진다. 더 나쁜 것은 기름기 있는 음식이다. 기름기 있는 음식은 뜨거울 때 먹어야 맛있는데 기름기는 더 빨리 식으니 맛이 빨리 떨어져 문제라는 것이다. 예를 들어 기름으로 볶은 고기는 처음에는 아주 맛있지만 식으면 맛과 질이 떨어질 뿐만 아니라 굳어져 먹기 힘든 경우조차 적지 않다. 이때 문제가 되는 것은 동물성 기름이다. 동물성 기름은 시간이 지나면 굳기 때문에 먹는 일이 쉽지 않다. 이 때문인지 한식에서는 식물성 기름을 선호한다. 식물성 기름은 오래 두어도 굳지 않기 때문이다. 음식들을 상 위에 오래 올려놓는 것은 식어서 맛이 떨어지는 따뜻한 음식뿐만 아니라 다른 음식들에도 좋은 일이 아닐 것이다. 음식은 시간이 경과하면 신선도가 떨어지는 것이 당연한 일이니 말이다. 따라서 이처럼 음식의 신선도가 떨어지는 것은 공간전개형 식사의 문제라고 하겠다.

　공간전개형 식사의 문제점은 또 있다. 여러 명이 같은 반찬을 먹으니까 반찬을 먹을 때 수저가 교환되는 관계로 위생에 다소 문제가 생길 수 있다. 그래서 중국의 음식점에서는 음식을 덜 때에만 쓰는 수저를 식탁 위에 놓기도 한다(한국에서도 한정식집에서는 이렇게 한다). 어떻든 다른 사람이 젓가락을 댄 음식을 같이 취하는 것은 그리 반가운 일은 아닐 것이다. 더 문제가 되는 것은 찌개 같은 음식이다. 각자가 먹던 숟가락으로 같은 그릇에서 국을 퍼가는 것은 누가 보아도 찝찝하다(그런데 그렇다고 해서 각자의 앞 접시에 찌개를 덜어 먹는 것도 좀 그렇다. 찌개는 덜어내면 맛이 없어지기 때문이다). 이런 식습관이 그래도 가족과 같이 먹을 때는 용인될 수 있지만 그다지 가깝지 않은 사람과 식사할 때에는 이렇게 찌개를 먹는 것은 피하고 싶은 게 인지상정일 게다. 그래서 요즘은 많은 경우 덜어 먹는다. 앞으로 한정식에서는 이런 문제의 개선점이 제시되어야 할 것이다.

그다음 문제는 잔반, 남는 반찬이다. 한정식집에 외국인을 데리고 가면 일단 그들은 반찬이 엄청 많이 나오는 데에 놀란다. 그리고 밥을 다 먹은 다음에는 반찬이 너무 많이 남은 것을 보고 또 한 번 놀란다. 그 반찬들을 다 버린다고 하니 놀랄 수밖에 없을 것이다. 사실 이렇게 반찬을 많이 나열해서 '걸게' 먹는 것은 과거에는 아주 예외적인 경우에만 하던 일이었다. 예를 들어 생일이나 환갑잔치처럼 개인에게 큰 행사가 있을 때에만 이와 비숫하게 푸짐하게 차리지 보통 때에는 결코 이렇게 하지 않았다. 그리고 설혹 반찬을 많이 차리더라도 이전에는 상물림 전통이 있어 그 남은 음식들을 버리지 않고 다 해결할 수 있었다. 윗사람이 남긴 잔반이 상물림으로 아랫사람에게 전해지고 나중에는 동물들에게까지 가기 때문에 음식을 하나도 버리지 않고 다 소비할 수 있었다.

그런데 지금은 식당에서 이런 식으로 차린 음식을 일상적으로 먹으니 문제가 되는 것이다. 상을 물릴 수도 없고 다른 묘안이 없으니 그냥 반찬을 버릴 수밖에 없을 것이다. 그러나 이것도 보다 더 합리적으로 대처한다면 문제 풀기가 그리 어려운 것은 아닐 것이다. 예를 들어 한정식을 먹을 때 가장 기본적인 반찬만 제공하고 나머지 반찬은 돈을 지불해서 사게 한다면 사람들이 자신이 먹지도 않을 반찬을 마구 사지는 않지 않을까?(좀 야박하게 보이지만 잔반 문제의 해결은 이 방법이 가장 좋을 것 같다).

## 시정 한정식 유감

시정市井 한정식 이야기가 나온 김에 이 주제에 대해 한마디 해야겠다. 지금 시중에서 유행하고 있는 한정식은 문제가 아주 많다. 심지어 어떤 집은 궁중음식을 내놓는다고 해놓고 궁중음식과는 전혀 관계없는 음식을 내놓기도 한다. 문제가 너무 많아 어떤 것부터 보아야 할지 모를 지경이다. 우선 전체적으로 볼 때 가장 문제가 될 만한 것부터 보기로 하자. 시정의 한정식이 갖고 있는 가장 심각한 문제는 음식들이 지나치게 서양식을 지향하고 있다는 점이다. 물론 이것은 코스 요리가 나오는 한정식집과 관련된 이야기이다. 한꺼번에 반찬을 깔아놓고 먹는 한정식의 문제에 대해서는 앞에서 이미 언급했다. 여기서는 이런 한정식보다 더 비싼 한정식집의 코스 요리에 대해 말하고자 한다.

앞서 밝힌 대로 코스 한정식은 한마디로 줏대 없이 지나치게 서양식을 따르고 있는 느낌이다. 왜냐하면 한식의 가장 큰 특징인 밥 위주의 원리('밥 우선주의')를 버렸기 때문이다. 우리 음식이 밥 위주로 가는 것은 우리 음식의 특성이기 때문에 전혀 문제될 것이 없다. 그런데 시중 한정식에서는 많은 경우 아무 생각 없이 밥 우선주의를 버리고 서양식 원리를 따른다. 다시 말해 주요리(스테이크 등)를 맨 마지막에 먹는 서양식을 따라 밥을 맨 나중에 먹고 있는 것이 그것이다. 앞에서도 언급했지만 맨 나중에 밥을 먹으려면 이미 많은 음식을 먹어 대단히 배부른 상태이기 때문에 제대로 먹을 수 없는 경우가 많다. 그렇다고 밥 우선주의를 고집하자는 것도 아니다. 코스 요리도 얼마든지 받아들일 수 있다. 코스 요리의 장점과 공간전개형인 우리 음식의 장점을 섞으면 더 좋은 음식이 될 수 있지 않을까? 앞에서도 말했지만 요리들은 코스로 나오는 게 전혀 문제가 없다. 단지 밥과 국이 나오는 순서를 뒤로 하지 말자는 것이다. 다시 말해 중국식처럼 밥과 국(혹은 찌개)을 항상 구비해놓는다면 원할 때 누구든지 먹을 수 있을 것이다. 이렇게 하면 코스 요리도 즐기고 밥(그리고 국)도 같이 먹을 수 있어 좋지 않을까 싶다. 말이 나와서 하는 말이지만 우리 한국인들은 우리 음식문화에 대해 좀 더 자신을 가질 필요가 있다.

다음으로는 작은 문제들을 거론하고 싶은데 어떻게 생각하면 이 문제들이 작은 문제가 아닐 수도 있다. 이 문제들을 하나하나 차근차근 보자. 한정식집에 가보면 첫 번째 순서로 죽을 내오는 집이 많다. 이것 역시 서양식을 흉내 낸 것으로 보인다. 양식을 먹을 때 맨 처음에 '수프'가 나오는 것을 그대로 따라한 것 같다는 것이다. 그러나 전통적으로 한식에서는 밥을 시작할 때 그렇게 하지 않았다. 우리는 단지 국이나 물김치(나박김치), 혹은 물을 한 숟가락 먹는 것으로 밥 먹기를 시작했다. 한식을 이렇게 시작하는 것은 전혀 문제가 안 된다. 굳이 죽으로 시작할 필요가 없다. 그런데 한정식집에서 내오는 죽 중에 가관인 것이 있다. 호박죽처럼 단 죽을 내놓는 것이 그것이다. 이것은 그야말로 무식한 짓이다. 밥, 국, 김치 등이 중심인 우리 음식은 단것과 전혀 어울리지 않는다. 그래서 이전에는 밥 먹기 전에 단것 먹는 것을 매우 꺼렸다(그래서 그런지 깨죽 같은 달지 않는 죽을 주는 집도 있기는 하다). 앞으로 한정식집에서는 이 순서를 생략했으면 하는 바람을 가져본다.

그다음에는 수저 문제이다. 어떤 음식점에서는 정식 코스 내내 숟가락을 하나만 쓰게 하는데 이것도 문제가 될 수 있다. 예를 들어 첫 번째 코스로 흑임자(깨)죽을 먹었다 하자. 그러면 다먹은 뒤에 까만 음식물 찌꺼기가 숟가락에 붙어 있기 마련이다. 그걸 놓고 다음 음식을 기다려야 하는데 그런 숟가락은 영 볼썽사납다. 다른 사람이 먹은 음식의 흔적이 보이기 때문이다. 그런식으로 한 음식 먹은 다음에 그 먹던 수저를 그대로 옆에 두고먹는 식이 반복되는데 이것은 보기가 좋지 않다. 그래서 양식에서는 한 코스가 나올 때마다 도구들까지 바꾸는 것이다. 그래야찌꺼기가 붙어 있는 도구들을 안 볼 수 있기 때문이다. 한정식이코스 요리인 양식을 따랐다면 이런 것까지 따라야 한다. 이것은음식에 대해 세세하게 생각하지 않고 그냥 서양식을 받아들였기 때문에 생기는 문제일 게다(그래서 요즘에는 적어도 죽 먹는 숟가락이 따로 나오는 집도 있다).

그다음은 음식 문제인데 문제가 너무 많이 보여 다 이야기할수 없을 것 같다. 그리고 나는 음식 전문가가 아니니 함부로 지적했다가 실수할 수도 있겠다. 그럼에도 불구하고 이것만은 고

쳤으면 하는 것들 가운데 하나를 골라 살펴보자. 한정식집에 가면 항상 나오는 음식 중에 샐러드가 있다. 심지어 어떤 집은 궁중음식 전문점이라고 하면서 샐러드를 내놓는다. 그런데 이건 정말 아니다. 우리에게는 이런 서양 샐러드보다 더 훌륭한 샐러드가 있다. 김치나 나물이 그것이다.

서양식에서는 채소가 너무 적게 나오고 그나마 익힌 채소가 주로 나온다. 사정이 그러하니 생채소가 나오는 샐러드는 서양 음식에서 중요한 위치를 차지한다. 따라서 샐러드 없는 서양 요리는 상상하기 힘들 것 같다. 그러나 한식은 기본이 채식이다. 그리고 한식 샐러드라 할 수 있는 김치는 거의 주식 수준에 육박할 정도로 중요한 음식이다. 그뿐만이 아니라 김치는 항상 제공되기 때문에 따로 순서를 만들어 생채소를 먹을 필요가 없다. 이런 맥락에서 볼 때 한식에 샐러드 같은 생채소 음식을 포함시키는 것은 어리석은 짓이라고 할 수밖에 없겠다.

게다가 우리의 채소 음식들은 그 조리법이 서양의 그것보다 앞서 있다. 김치는 말할 것도 없고 나물 역시 손이 많이 가는 문화음식으로 대단히 훌륭한 음식이다. 나물은 채소를 잠깐 데쳐서 간을 하기 때문에 그 분량이 많이 줄어든다. 그래서 조금만 먹어도 많은 양의 채소를 먹은 게 된다. 반면 샐러드는 푸성귀를 그냥 쓰기 때문에 양은 많아 보이지만 실제의 양은 그다지 많지 않다. 그리고 전혀 조리를 하지 않기 때문에 서걱서걱해 먹기에 그다지 편하지 않다. 반면 나물은 데침으로써 채소의 뻣뻣함을 죽인 관계로 아주 편하게 먹을 수 있다(치아가 성치 않은 노인들이 먹기에도 전혀 문제가 없다!). 나물은 이렇게 손이 많이 가기 때문에 문화음식이라고 하는 것이다.

물론 샐러드도 훌륭한 음식이다. 그런데 문제는 샐러드는 서양식에나 어울리지 한식에는 어울리지 않는다는 것이다. 특히 샐러드의 소스(드레싱)는 우리 밥이나 국과 전혀 어울리지 않는다. 내 개인적인 경험에 한정식을 먹을 때 샐러드가 나오면 곤혹스러운 때가 많았다. 샐러드의 소스가 달아서 샐러드를 먹고 나면 다른 한식을 먹을 때 힘들었던 기억이 난다. 그렇다고 샐러드를 전혀 먹지 않고 그냥 물리기에는 돈이 아까운 생각이 들고 말이다. 어떻든 이렇게 샐러드는 한식과 어울리는 면이 전혀 없는데 한식 상에 자꾸 올라오는 이유는 무엇일까? 억측일 수 있겠지만 한국 요리사들은 샐러드 같은 서양 음식을 놓아야 우리 음식이 고급스럽게 보인다고 생각하는 것 같다.

한국인들이 양식의 원리를 지나치게 추종하는 모습은 한정식을 먹을 때에만 발견되는 것이 아니라 양식을 먹을 때에도 간간이 보인다. 그중에 이탈리아 국수인 스파게티를 먹을 때 젓가락으로 먹지 않고 포크를 수저에 대고 면을 배배 꽈서 먹는 것도 같은 맥락에서 이해할 수 있지 않을까 싶다. 음식 도구와 관련해서 우리 한국인은 젓가락이라는 매우 발달된 도구를 갖고 있다. 따라서 스파게티를 먹을 때에도 젓가락을 사용하는 게 더 편하다. 다른 사람은 몰라도 적어도 나는 집에서 스파게티를 먹을 때 젓가락으로 먹지 포크로 먹지 않는다(집에서도 스파게티를 포크로 먹는다면 그는 아마 서양식의 분위기를 좋아하는 사람 같다).

만일 서양인들이 젓가락을 쓸 줄 알았다면 분명 젓가락으로 스파게티를 먹었을 것이다. 국수 먹는 도구에 관한 한 우리는 서양보다 한 수 위다. 그런데 왜 고수가 하수의 흉내를 낼까? 이것은 마치 고등학생이 초등학생을 흉내 내는 것처럼 보인다. 내 눈에는 여기에서도 한국인들이 자기 문화에 대해 갖는 자신감의 결여가 엿보인다. 한국인들은 스파게티란 문명화된 도구인 서양의 포크와 스푼을 써서 먹어야 한다고 생각하고 있는 것 아닐까.[6] 양식을 먹을 때 왠지 모르게 젓가락은 촌스럽게 보이는 것이다(그래도 나는 스파게티집에 가면 젓가락을 달라고 한다).

다음으로는 시중드는(서빙) 문화에서 보이는 심각한 문제를 짚어보자. 한정식을 먹으러 갔을 때 가장 이해가 안 되었던 것은 이미 나와 있는 음식들을 섞는 것이었다. 코스로 나오니 자동적으로 음식이 새로 나오게 된다. 새 음식이 자꾸 나오면 음식을 놓을 공간이 부족해진다. 그러면 종업원은 이미 나와 있던 음식들을 한데 섞은 다음 이전의 그릇을 치운다. 새 음식 놓을 공간을 마련하기 위한 고육지책인 것이다. 그래서 우리는 한정식집에서 두 가지 이상의 음식이 한 접시 위에 있는 것을 자주 목격하게 된다.

그런데 이것은 음식의 기본을 전혀 모르고 하는 짓이다. 몰라도 이렇게 모를 수가 없다. 당연한 일 아닌가? 다른 성질의 음식을 어떻게 한 접시에 놓을 수 있겠는가? 그것도 먹다 남은 음식들을 모아서 말이다. 이것은 있을 수 없는 일인데 한정식집에서는 다반사로 일어나고 있다. 이것은 동물처럼 배를 채우는 수준이지 음식을 먹는 것이 아니다. 게다가 어떤 때는 새 음식과 헌 음식을 섞는 일조차 있다. 한정식을 먹다 보면 이처럼 잘못된 시중(서빙)을 받는 일이 태반이다. 내 생각에는 조선의 격조 높은 문화가 다 깨져나갔기 때문에 그런 일이 벌어지는 것 같다.

어떻든 그렇게 먹다가 아까 말한 대로 밥까지 다 먹으면 디저트라는 것이 나온다. 이것은 또 서양식을 흉내 내는 것이다. 우리 음식에는 디저트가 별로 필요 없다. 그래서 이전에는 숭늉이나 누룽지를 먹는 것으로 간단하게 끝냈다. 한식에서는 그 정도면 충분하다. 그런데 어떤 한정식집에서는 후식으로 떡을 내오는 경우가 있다. 그럴 때마다 나는 어이가 없었다. "아니, 떡이라니? 지금까지 배 터지도록 먹었는데 그 '헤비한' 떡을 또 먹으라고?"하는 것이 내 반응이었다. 떡은 한 끼 밥이 될 수 있을 정도로 영양과 양이 충분한 아주 훌륭한 음식이다. 그래서 떡은 그렇게 마지막에 먹을 수 있는 음식이 아니다. 후식이 정 필요하다면 위에 부담이 안 가는 것으로 해야 되는데 떡은 분명 아닐 것이다. 한정식을 먹을 때 이런 식으로 다량으로 먹어대니 음식이 많이 남을 수밖에 없다. 그래서 잔반이 너무 많이 생기게 되고 그 처리가 한식의 심대한 약점이 되는 것이다.

## 음식 용어 유감

이번에 생각해보고 싶은 주제는 음식과 관련된 말이다. 언어는 엄연한 문화이니 음식문화를 이야기할 때 이와 관련된 이야기를 하지 않을 수 없다. 요즘 우리가 쓰는 음식 관련 말 가운데 가장 거슬리는 것은 '식食'이라는 글자다. 예를 들어 밥을 먹을 때 우리가 가장 많이 사용하는 말로서 '식사'라든가 '외식', '회식', '조식·중식·석식' 같은 단어들이 그것이다. 이 단어들에는 모두 '식'이라는 글자가 들어가 있는데 이런 단어들에서는 영 문향文香을 느낄 수 없다. 문향이란 글에서 나오는 향기 정도로 풀이할 수 있는데, 물질에서만 향기가 나는 것이 아니고 글에서도 향기가 난다. 어떤 단어를 쓰느냐에 따라 그 글의 격조가 달라지는 것이다.

그런데 이 '식'이라는 단어는 거칠기 짝이 없다. 다시 말해 말이 고상하지 않다는 것이다. 적어도 내가 어렸을 적인 1960년대에는 이런 단어를 쓰지 않았다. 예를 들어 아침밥을 먹었느냐고 물을 때 지금은 '아침 식사 하셨냐'고 하지만 이전에는 '조반 드셨냐'고 해서 '반飯'이라는 단어를 사용했다. '식사食事'라는 단어를 한국어로 풀이하면 '먹는 일'이 되는데 그 표현이 영 마뜩잖다는 것이다. 마찬가지로 외식이니 회식, 석식 같은 단어들은 비루하고 조야하게 느껴진다.

사실 말과 관련해서 요즘 세태를 보면, 이런 언짢은 단어들이 너무 많이 사용되고 있는 것을 알 수 있다. 이것은 현대 한국인들이 한자에 대한 감각을 잃어버렸기 때문에 생긴 일로 생각된다. 요즘 사람들은 격이나 수준이 다른 한자들을 마구 써서 이런 어울리지 않는 단어를 쓰는 경우가 많다. 예를 들어보면, 우리는 '지금부터 ○○로 이동합니다'와 같이 '이동移動'이라는 단어를 많이 사용한다. 나는 이럴 때 이런 단어를 쓰는 게 영 마음에 들지 않았다.[7] 정확한 이유는 몰랐지만 그냥 그 단어가 싫었다. 그래서 알아보니 원래 한자에서는 '이동'이라는 단어를 물건을 움직일 때에만 쓰지 사람이 움직일 때는 쓰지 않는 단어였다. 격이 달랐던 것이다. 이전에 못 듣던 단어나 표현이 나오니 내게는 생소했던 것이다. 이런 사정을 모르는 현대 한국인들이 마구 이 같은 단어를 쓰니 한국어 전체의 격이 떨어지는 것은 어쩔 수 없는 일일 것이다.

이 같은 사정은 식사니 외식, 회식 같은 단어도 마찬가지이다. 이 '식'이라는 단어는 옛 한문에서는 인간이나 동물 모두에게 쓰던 단어였지만 지금은 그렇게 사용하지 않는다. 사마천司馬遷의 『사기史記』에 "民以食爲天(백성은 먹는 것을 가지고 하늘로 삼는다)"이라고 쓰인 예에서 알 수 있듯이 '식食'이라는 단어가 예전에는 인간에게도 쓰였다. 그러나 현대 중국어에서는 그렇지 않다. 현대 중국어에서 '식'이라는 글자는 동물들의 먹이 정도로만 인식한다고 한다. 그러니까 동물이 먹을 때에만 이 단어를 쓴다는 것이다.

그럼 인간이 먹을 때에는 무슨 단어를 사용할까? 중국인들은 인간이 먹을 때에는 이 단어 대신 흘吃8이라는 글자를 쓰고 '츠'라고 읽는다. 그리고 밥을 언급할 때에는 반飯이라는 글자를 쓰니 '식사를 하다'라는 표현은 중국어로 '츠판吃飯'이라고 한다. 그렇다고 이 '식' 자를 인간에게 전혀 사용하지 않는 것은 아니라고 한다. 예를 들어 '음식'이니 '양식'이니 하는 게 그것이다. 그렇지만 이 글자를 거의 쓰지 않기 때문에 중국어에는 '식사'라는 표현이 없다. 바이두백과사전百度百科9에 이 단어가 나오기는 하는데 그 뜻이 재밌게도 일본 요리로 되어 있다고 한다. 이것을 통해 보면 이 식사라는 단어는 일본에서 만들어졌을 가능성이 크다.

식사라는 단어를 쓰지 않으니 중국에서는 식당이라는 단어도 거의 쓰지 않는다. 우리가 지칭하는 식당을 말할 때 중국에서는 '반점', '주점', '빈관' 등과 같은 표현을 쓴다. '주점'과 '빈관'은 호텔이란 뜻도 있는데 중국에서는 호텔에서 식사를 많이 하기 때문에 이렇게도 쓰이는 것이다. 그렇다고 식당이라는 단어를 전혀 쓰지 않는 것은 아니라고 한다. 아주 특수한 경우에 이 단어가 쓰이고 있다. 지금 중국에서는 식당이라는 단어를 학교나 회사 등과 같은 기관에서 단체를 대상으로 설치한 비영리적인 식사 장소를 말할 때만 쓴다. 그리고 재미있게도 '외식'이란 표현도 중국에 없던 표현이었는데 요즘 일본과 한국의 영향으로 인터넷에서 사용하기 시작했다고 한다. 예를 들어 '외식족' 같은 용어가 생겼는데 아직은 보편적인 표현이 아니다.

언어 표현에 대해서 다소 장황하게 말하는 것은 언어문화는 대단히 중요하기 때문이다. 사실 이 음식 관련 단어 외에도 지금 한국어에는 문제 있는 단어들이 너무나 많이 사용되고 있다. 예를 들어 군대에서 흘러나온 것으로 생각되는 '실시實施'니 '애로사항'이니 '시정(하겠습니다)'이니 '기상·취침' 등이 그것이다.[10] 이런 격이 낮은 단어들을 자주 쓰는 바람에 격조 있는 옛 한국어가 자꾸 사라져간다. 말이 바뀌는 것은 어쩔 수 없는 일인지 모른다. 그러나 그렇다고 해서 잘못된 것을 보고만 있을 수도 없는 일이다. 적어도 우리는 어떤 것이 원래 것이었나를 생각해볼 필요는 있을 것이다.

# 한식에서는 왜 숟가락이 중요할까?

## 국물을 아주 좋아하는 한국인

일반적으로 사람들이 잘 모르는 한식의 특징 중 하나는 한국인들만 밥 먹을 때 숟가락을 중요하게 생각한다는 것이다. 그래서 우리네 밥상에는 숟가락이 빠지는 적이 없다. 젓가락은 동양(동남아나 동북아)의 대부분의 나라에서 사용하고 있지만 우리나라처럼 숟가락을 애용하는 나라는 별로 없다. 일본이고 중국이고 젓가락이 대세이고 숟가락이 극히 제한적으로 쓰이고 있는 반면, 우리나라에서는 음식을 먹을 때 숟가락이 젓가락보다 더 중요한 도구로 되어 있다.

이렇게 우리 음식에서 숟가락이 중요하게 여겨져서 그런지 숟가락이 식사 그 자체를 의미하는 재미있는 경우도 종종 있다. 예를 들어 '숟가락을 놓았다'라는 표현은 식사를 끝냈다는 의미와 같은 것이 그것이다. 심지어 우리나라 속담에는 사람이 죽었다는 의미로 '(누가) 숟가락을 놓았다'라고 표현하기도 했다. 숟가락을 놓았으니 더 이상 밥을 먹을 수 없다는 뜻으로 그렇게 표현했을 것으로 생각된다. 이 정도로 우리 음식에서는 숟가락이 중요하게 취급되었다.

그럼 한국인들은 밥 먹을 때 왜 숟가락을 애용할까? 답은 앞에서 이미 보았다. 한국인의 밥상에는 국(그리고/혹은 찌개)이 필수이기 때문이다. 국에 대한 한국인들의 사랑은 남다르다고 했다. 그 국을 떠서 먹으려면 숟가락이 필요하다는 것은 재론할 필요도 없다. 한식에서 국이라는 음식은 있어도 그만 없어도 그만인 반찬거리 수준이 아니다. 한식에서 국은 밥과 같은 수준의 주식이라고 할 수는 없지만 밥에 버금가는 수준에 있는 극히 중요한 음식이라 하겠다.

국은 분명 부식이기는 한데 다른 반찬과 같은 수준의 부식은 아니다. 부식보다는 외려 주식 쪽에 가까이 간 느낌이다. 앞에서도 잠깐 보았지만 한국인들은 어떤 음식을 먹든지 마지막은 국(탕)으로 끝내는 경우가 많다. 고기를 구워 먹든 생선회를 먹든 마지막에는 된장찌개나 매운탕[11]을 밥과 같이 먹는 것으로 끝을 장식하지 않는가? 그러니까 한국인들은 밥을 국과 같이 먹어야 끼니를 먹은 것이라고 생각하는 것이다.

이렇듯 한국인들처럼 따뜻한 국물을 좋아하는 민족도 흔하지 않을 게다. 한국인들은 예부터 개인적으로는 국을, 집단적으로는 찌개를 먹는 것을 선호했다. 그런데 이 양자를 대하는 방법이 달랐다. 국은 개인별로 주어지지만 찌개(탕)는 밥상 가운데에 놓아 전원이 나누게 했기 때문이다. 그런데 의문이 드는 것은 개인별로 지급된 국이면 그것으로 충분할 터인데 왜 또 같은 국물요리인 찌개까지 먹느냐는 것이다. 물론 국과 찌개는 그 형식이 조금 다르다. 국은 주로 국물을 즐기는 음식이라면 찌개는 국물 안에 있는 고기나 두부, 채소와 같은 내용물(건더기)을 더 즐기는 음식이라 할 수 있겠다. 그래서 찌개에는 국보다 물이 적다.

어떻든 한국인들이 국과 찌개처럼 비슷한 음식을 왜 같이 먹는지는 여전히 궁금하다. 굳이 답을 낸다면, 그만큼 한국인들이 국물요리를 좋아하기 때문이 아닐까. 그런데 여기에 전골까지 가세하면 사정은 더 복잡해진다. 국이 있는 상태에서 찌개가 있는 것도 과분한데 전골까지 먹는 이유는 무엇일까? (물론 이 세 가지를 한꺼번에 먹는 경우는 흔하지 않다.) 여기서 또 찌개와 전골의 차이가 무엇일까 하는 의문이 생긴다. 이 두 음식은 내용도 비슷하다. 그래서 구별이 잘 안 된다. 그러나 굳이 차이를 들자면, 찌개는 다 익혀서 나오는 것이고 전골은 밥상 자리에서 익혀서 먹는 국(혹은 탕)이라고나 할까? 이렇게 국물요리가 다양한 데에서 우리는 한국인의 '국 사랑' 정신을 알 수 있다. 그리고 이 다양한 국들을 떠먹으려면 숟가락이 필수일 터이니 숟가락이 한식에서 그만큼 중요하게 된 것이리라.

한국인들의 국 사랑 정신은 그들이 하는 말을 통해서도 알 수 있다. 만일 한국의 속담이나 관용적인 표현에서 국과 관련된 것을 찾으려고 한다면 단연코 이 표현을 지나칠 수 없을 것이다. 우리는 누가 일을 제대로 못할 때 '너, 국물도 없다' 혹은 '너, 국물도 없을 줄 알아라'라는 말을 한다. 국물조차 너에게는 주지 않겠다는 뜻이다. 이것은 건더기도 건더기지만 맛있는 국물도 주지 않겠다는 뜻 아닐까? 이것 말고도 '국물이 끝내줘요'라고 하든가 뜨거운 국물을 먹으면서 한국인들이 '어이, 시원하다'고 하는 등 국물과 관계된 표현들이 꽤 있다. 하기야 한식처럼 국이나 탕이 많은 음식도 없을 게다. 된장국이나 김치찌개부터 시작해서 계속 이어지는 이 국의 행렬은 어쩌면 끝이 없을지도 모른다. '감자탕'이라는 감자와는 관계없는 정체불명의 국이 있는가 하면 외래산의 식품을 끓여 만든 희한한 국인 '부대찌개' 같은 음식이 발명되기도 했다.

더 나아가서 삼계탕, 해물(매운)탕 등 국물요리의 종류는 끝없이 나열할 수 있는데 국을 설명하면서 설렁탕(혹은 곰탕) 같은 국을 그냥 지나칠 수는 없을 것 같다. 이런 종류의 국은 예로부터 전 국민적으로 인기가 있었기 때문이다. 이런 현상 역시 한국인의 국 사랑 정신을 알게 해준다. 설렁탕은 사실 굉장히 한국적인 음식이다. 왜냐하면 별 내용물(건더기)이 없는 국물에 밥을 말아 먹는다는 것은 아마 세계 음식에서 유례가 없을 것이기 때문이다.

설렁탕 이야기가 나온 김에 잠시 설렁탕에 대해 말하자면, 우선 설렁탕처럼 소고기 전체 부위를 넣고 그렇게 오랫동안 끓이는 음식도 다른 나라에서는 찾아보기 힘들 것이다. 또 설렁탕을 먹을 때 자신이 원하는 대로 소금이나 후추, 파 등을 넣어 직접 조리하는 것도 아주 재미있는 모습이다. 이런 모습이 우리에게는 매우 자연스럽지만 다른 나라의 식습관과 비교해보면 이채로운 모습으로 보인다.

우리 한국인들이 음식을 만들 때 가장 좋아하는 방법 중의 하나가 설렁탕처럼 오랜 기간 푹 고아 만드는 것이다. 그래서 그 재료의 내용물 속에 들어 있는 영양 성분들을 죄다 빼서 아주 실하게 먹는 것을 좋아하는 것 같다. 이것은 흡사 한약을 만들 때 약탕기 속에 온갖 재료를 넣고 오랜 기간 끓여 거기서 나오는 진액만 짜서 먹는 것과 같다고 하겠다. 이렇게 푹 삶는 음식문화도 매우 한국적인 식습관으로 이래저래 한식은 국물이 없으면 안 되는 음식처럼 보인다.

이렇게 밥 말아 먹는 음식문화가 일반적이다 보니 자연스럽게 숟가락이 필수적인 도구가 되었을 것이다. 아무리 젓가락질을 잘한다 해도 국밥을 젓가락으로 먹을 수는 없지 않겠는가? 그런데 이 점이 한식의 단점이 되기도 한다. 앞서 말한 것처럼 국물이 너무 많이 남아 이것을 처리하는 일이 힘들기 때문이다. 그러나 이런 단점이 있다고 국물을 포기할 한국인은 없을 것이다.

그럼 어떻게 해서 한국인들은 국물을 좋아하게 되었을까? 여기에 정설은 없는 것 같고 다만 몇 가지로 추측할 수 있을 뿐이다. 일단 음식 전문가들에 따르면 뜨거운 국물을 많이 먹는 사람들은 추운 지방에 사는 이들이라고 한다. 그래서 서양에서도 러시아나 북유럽 등지에서는 수프를 즐겨 먹는다고 한다. 반면에 날씨가 춥지 않은 남부 유럽에서는 수프를 거의 먹지 않는다고 한다. 추운 지방에 사는 사람들이 뜨거운 국물을 좋아한다는 것은 얼마든지 이해가 된다.

그런데 북유럽 사람들이 수프를 즐겨 먹는다고 해도 우리처럼 수프에다가 밥을 말아 먹는 것은 결코 아닐 것이다. 어떻든 위의 주장을 통해 우리 한국인들도 추운 날씨를 견디기 위해 국을 많이 먹었을 것이라고 예단할 수 있다. 그러나 우리는 추운 날씨만 있는 것이 아니라 여름처럼 더운 계절도 있으니 한국인의 국 사랑이 날씨하고만 관계된다고 볼 수는 없을 것이다.

그다음으로는 한국인들이 국물을 좋아하게 된 이유를 밥과 연관하여 생각해볼 수 있을 것이다. 과거에 평민들이 밥 먹을 때에 반찬이라고 해봐야 두세 개밖에 없었다. 따라서 밥을 수월하게 먹을 수 있는 물기가 필요했을 것이다. 반찬과 거친 잡곡밥을 부드럽게 먹으려면 간이 된 국이 필요하지 않았을까. 게다가 국은 단백질의 공급원이기도 했다. 과거에는 식사 때 거의 채소만 먹었기 때문에 단백질이 많이 부족할 수밖에 없었다. 이 문제를 부분적이나마 해결할 수 있었던 것은 국에 들어 있는 된장이었을 것이다. 된장은 콩으로 만들었으니 콩에 들어 있는 단백질이 부족한 영양을 보충해줄 수 있었을 것이다.

좌우간 한국 음식은 국이 다른 나라의 음식보다 발달해 있기 때문에 한식을 수출하고자 할 때 반드시 이 점을 유념해야 할 것이다. 어떤 국이 어떻게 다른 나라 사람들의 입맛에 맞을지는 쉽게 예단할 일이 아니다. 따라서 한식을 세계화하려 할 때에 국에 대해 더 많은 관심을 기울여야 할 것이다.

# 한식에는 왜 발효음식이 많을까?

한식의 특징 중의 하나로 발효음식이 많다는 것을 잡는다고 해서 반대할 사람은 아마 아무도 없을 것이다. 왜냐하면 한식에서 밥과 국을 빼면 가장 중요한 음식이 된장이나 간장, 고추장, 그리고 김치인데 이 음식들이 모두 발효음식이기 때문이다. 이외에도 한식에는 발효음식이 많다. 예를 들어 청국장 같은 것은 말할 것도 없고 젓갈류는 대표적인 발효음식 아닌가? 그래서 한국인들은 발효음식을 달고 산다고 할 수도 있다. 발효음식은 미래의 음식으로 꼽힐 만큼 현재 각광을 받고 있다. 세계적으로 유명한 미래학자인 앨빈 토플러Alvin Toffler도 미래를 이끌어갈 제3의 맛으로 발효를 꼽았다고 하니 이 발효음식이 인류의 밥상에서 앞으로 어떤 위치를 차지할지 알 수 있을 것이다. 따라서 발효음식이 주축을 이루고 있는 한식도 앞으로 새로운 조명을 받을 것으로 생각된다.

이렇게 보면 한식은 대단히 훌륭한 음식이 아닐 수 없다. 그러면 다음 단계로 '한국인들은 왜 발효음식을 많이 먹을까?'라는 질문을 피할 길이 없을 것 같다. 이 질문에 대한 대답은 광범위할 수 있는 관계로 한 가지로만 이야기할 수 없을 게다. 그러나 굳이 이 질문에 대답을 하자면 이 현상도 모두 한식이 밥 중심으로 되어 있는 것과 깊은 연관이 있다고 할 수 있을 것이다.

한식은 앞에서 누누이 강조한 대로 밥을 먹기 위한 음식인 관계로 반찬이 매우 발달하지 않을 수 없다. 그런데 한국인들이 다양한 반찬을 만들다 보니 반찬으로 발효음식이 뛰어나다는 것을 알게 되었을 것이다. 이처럼 발효음식이 좋다는 것을 몸으로 느끼고 그 체험을 바탕으로 계속해서 발전시켜나간 결과 현재와 같이 발효음식이 풍부해졌을 것으로 추측된다. 발효음식을 이처럼 많이 발전시킨 것은 과거의 우리 민족이 문화적으로 그만큼 뛰어났다는 것을 말해준다고 하겠다.

그러면 어떤 면에서 이 발효음식이 좋다고 하는 것일까? 발효음식은 장점을 많이 갖고 있어 그 장점을 한마디로 요약하기 힘들다. 그러나 간단하게 말하면 발효음식은 영양이나 건강 면에서 매우 뛰어난 효능을 갖고 있다고 할 수 있다. 우리 민족이 김치를 그렇게 많이 먹고 된장(국)을 그렇게 많이 담가 먹었던 것은 이런 음식들이 건강이나 영양 면에서 아주 탁월하기 때문이다. 이것은 수백, 수천 년의 지혜가 쌓여 나온 결과일 것이다(어떤 음식이든 하나의 민족이 오래 먹은 음식은 탁월한 음식이라고 할수 있다!). 만일 이런 발효음식들이 그다지 뛰어난 음식이 아니었다면 우리 조상들이 그 음식들을 그리 오래 먹지 않았을 것이다.

이제 발효음식의 특성을 보자. 첫 번째 특성은 아무래도 유산균(혹은 젖산균)의 효능을 들 수 있겠다. 김치든 된장이든 발효가 진행되면 일반 병원균이나 부패균들은 서서히 죽어가고 우리 몸에 매우 유익한 유산균들의 수가 급격히 증가한다. 이때 유산균은 공기가 불필요하고 소금에 강하기 때문에 김치나 장이 제공하는 환경은 유산균에게 아주 좋다. 이 유산균은 김치가 만들어지는 과정에서 색다른 작용을 해 김치의 맛을 한결 좋게 만들기도 한다. 여러 유산균들이 젖산이나 초산, 탄산가스, 또 아주 소량이지만 알코올을 만들어냄으로써 김치 특유의 시원하고 매콤한 맛과 향을 내기 때문이다.

그러면 구체적으로 이 유산균의 효능은 무엇일까? 유산균은 장내의 산도酸度를 낮춤으로써 유해 세균의 번식을 차단한다. 그럼으로써 장내에서 좋은 미생물들이 잘 자라날 수 있는 환경을 만들어낸다. 이것을 두고 일반적인 음식 관련 서적에서는 보통

'정장整腸 작용'이라는 어려운 한자어로 표현한다. 이것을 조금 쉬운 말로 표현하면 장을 깨끗하게 만드는 작용이라 할 수 있다. 장내 환경을 개선하고 장운동을 촉진시키는 것이다. 그렇게 되면 위장 기능이 강화될 뿐만 아니라 변비도 개선되는 등 그 효능이 놀랍다고 한다.

이 유산균의 효능은 아직 끝나지 않았다. 유산균의 영향으로 장내에 유익한 균들이 생겨나고 그 균들이 나름대로 균형을 이루게 되면 효소들이 많이 생기게 된다. 이 효소는 한마디로 말해 생명의 근원이라 할 수 있다. 왜냐하면 인체에서 일어나는 수많은 작용들을 일어나게 하는 장본인이기 때문이다. 예를 들어 우리가 먹은 음식을 소화할 수 있는 것도 이 효소가 개입하기 때문이다. 효소는 대단히 많은 종류가 있다고 하는데, 이들은 우리 몸 안에서 이루어지는 기능들이 제대로 돌아갈 수 있게 열심히 일하고 있다. 그래서 그런지 효소에 대한 칭송은 끝이 없다. 방금 전에 말한 것처럼 효소는 소화 흡수는 말할 것도 없고 질병 예방이라든가 면역 작용, 해독 작용, 혹은 지혈 작용을 하고 더 나아가서 노화를 촉진하는 활성산소까지 잡아먹는다고 하니 그 효능이 대단한 것이다. 몸 안에 있는 나쁜 불순물들을 분해해 몸 밖으로 배출하는 것도 이 효소가 하는 일이다. 이 효소를 두고 우리의 생명 에너지라고 하는 것은 그런 이유에서이다.

그런데 우리들의 문제는 나이가 들수록 자체적으로 생성되는 효소의 양이 떨어지는 데에 있다. 효소가 부족하면 음식을 분해할 수 없어 소화가 잘되지 않는다. 나이가 들수록 음식을 많이 못 먹는 것은 이 때문이라고 한다. 이렇게 소화가 불완전하게 되면 독소나 노폐물이 생겨 노화를 촉진시키기까지 한다. 따라서 이럴 때에는 효소를 갖고 있는 음식이나 약품을 섭취해서 그 부족한 효소를 보충해야 한다. 그런데 우리 음식에는 발효음식이 많으니 우리 음식만 잘 먹으면 굳이 따로 효소를 취하지 않아도 크게 문제가 되지 않는다. 발효음식이 앞으로 미래 음식의 트렌드를 형성한다고 하는 것은 이런 데에서 연유할 것이다. 이렇게 보면 우리 음식이 얼마나 문명화된 음식인지 알 수 있지 않을까? 그 음식을 먹는 우리들은 행복한 민족이 아닐까 하는 생각마저 든다.

이런 큰 장점 외에도 발효음식은 소소한 장점도 갖고 있다. 우선 저장 기간이 긴 것을 들 수 있다. 우유를 예로 들어보면, 우유는 냉장고에 넣어두어도 곧 상하지만 우유를 발효시켜 만든 요구르트는 우유보다 훨씬 오래간다. 그런데 우리의 발효음식으로 오면 그 저장 기간이 비교가 되지 않는다. 된장이나 간장 같은 장, 그리고 여기다 채소를 넣어 만든 장아찌는 그 저장 기간이 엄청 길기 때문이다. 이런 음식들은 몇 개월 정도는 부패하지 않고 갈 수 있다. 김치도 그렇다. 온도만 잘 맞추면 한 겨울은 원상태를 유지하면서 썩지 않고 보존되는 게 김치 아닌가?

그다음 장점은, 발효음식은 발효 정도나 시간의 경과에 따라 맛이 더욱더 좋아지고 다른 맛을 낸다는 것이다. 그러니까 원재료가 낼 수 있는 맛과는 다른 더 높은 수준의 맛을 낼 수 있다는 것이다. 이에 대한 단적인 예가 바로 김치이다. 김치는 발효되는 동안 각 단계마다 색다른 맛을 낸다. 그뿐만 아니라 배추나 고추, 소금, 마늘, 그리고 기타 여러 재료가 섞이면서 원재료들과는 다른 수준 높은 맛을 낸다. 심지어 김치는 마지막에 시어 빠지는 단계에 이르러서도 나름의 독특한 맛을 내고 그에 맞는 다른 음식과 섞이면서 다른 차원의 맛을 선사하기도 한다(가령 김치찌개처럼).

마지막으로 발효음식은 소화하기에 편하다. 음식이 발효되었다는 것은 이미 소화되는 과정이 진행된 것이기 때문에 이런 음식을 먹으면 소화가 잘된다는 것이다. 예를 들어 장의 문제로 우유를 못 먹는 사람들이 있는데 그런 사람들도 우유가 발효된 요구르트는 먹을 수 있다. 이처럼 발효음식은 우리가 음식을 먹고 영양을 흡수하는 데에 많은 도움을 준다.

어떻든 이 같은 발효음식이 주축을 이루고 있는 한식은 대단히 훌륭한 음식이라고 할 수 있지 않을까? 그런데 한식(에 대한 칭송)은 예서 끝나지 않는다. 어떤 사람은 한식을 세계에서 가장 훌륭한 건강식이라고 주장한다. 이렇게 말하는 이유에는 한식에 발효음식이 많이 있다는 것도 포함되어 있을 것이다. 그러나 발효음식이 많다는 한 가지 이유만으로 한식이 뛰어난 건강식이라고 하지는 않을 것이다. 이제 한식이 갖고 있는 이상적인 건강성이 어디에서 어떻게 나오는지 보기로 하자.

# 한식이 가장 뛰어난 건강식이라고?

    한식이 세계에서 가장 뛰어난 건강식이라고 하면 믿지 않을 사람들이 많을 것이다. 그러나 우리는 앞에서 부분적으로 본 한식의 특징을 통해서 이미 한식이 훌륭한 음식이라는 것을 어느 정도 알 수 있었다. 그런데 한식이 그냥 훌륭한 음식이 아니라 아주 뛰어난 건강식이라고 하는 것은 도대체 어떤 근거로 하는 것일까? 이것을 알기 위해서는 다른 음식과의 비교가 필요할 것이다. 현재 세계에서 가장 뛰어난 건강식으로 간주되는 음식은 지중해식이라고 한다. 따라서 한식을 이 지중해식과 비교해보면 우리 음식이 어떤 면에서 어떻게 건강식인지 알 수 있지 않을까 싶다.

    우선 지중해식을 보자. 지중해식은 그 큰 순서가 먼저 올리브유가 듬뿍 들어 있는 샐러드를 먹고 주요리로 파스타를 먹고 항상 과일로 끝내는 것으로 되어 있다. 물론 식사 중간에는 붉은 포도주를 수시로 곁들인다. 그리고 콩을 많이 먹는데 곡물들을 먹을 때에도 가능한 한 가공되지 않은 것을 택한다. 그리고 지중해식은 특히 불포화지방의 섭취를 중요시해 올리브유나 카놀라유를 뿌린 채소 먹는 것을 강력하게 권장한다. 불포화지방은 (등푸른) 생선에도 많기 때문에 지중해식에서는 일주일에 두 번 정도 생선을 취하게 한다. 반면 같은 지방이라도 포화지방이 들어 있는 육류나 육가공 식품들은 가능한 한 섭취량을 줄인다. 이런 음식들은 몸에 무리를 주어 우리를 늙게 만들기 때문이다. 그렇다고 고기를 전혀 안 먹는 것은 아니고 양고기나 닭고기를 일주일에 한 번 정도 먹는 것을 권장하고 있다.

이에 비해 우리 음식은 어떤가? 우리 음식은 지금껏 보았으니 항목별로 나열해서 보기 쉽게 만들어보자. 다음은 건강식 관점에서 본 우리 음식의 특징이다.

- 곡류(쌀이나 잡곡)를 중심으로 먹는다.
- 채소(김치, 나물 등)를 많이 먹는다.
- 콩으로 만든 음식(된장, 간장, 두부 등)을 많이 먹는다.
- 불포화지방(들기름, 참기름, 콩기름 등)으로 음식을 많이 만들

어 먹는다.

- 포화지방이 많은 육류나 육가공 식품의 섭취량은 극히 적다.
- 정해진 한도 내에서 반주(술)를 한다.

여기에 간간이 생선구이가 들어갈 수 있는데 전근대 사회에서는 내륙에서 생선을 먹는 경우가 흔치 않았을 것이다. 이렇게 보면 우리 음식은 거의 채식 일변도인데, 가장 좋은 건강식은 채식과 육식의 비율이 8:2라고 한다. 다시 말해 건강에 좋은 음식은 채식이라는 것이다.

채식 위주의 한식을 먹은 사람과 먹지 않은 사람을 대상으로 건강과 장수 문제를 연결해 조사한 연구는 아직 접해보지 못했다. 그러나 다행히 한식처럼 채식 위주로 되어 있는 지중해식을 가지고 그것을 먹은 사람과 먹지 않은 사람들을 대상으로 행한 연구는 있다. 이것을 가지고 한식에 견주어보면 좋겠다는 생각이다.

그 가운데 미국 미네소타대학교의 교수였던 안셀 키스Ancel Keys의 연구가 있다. 그는 100세를 상회해서 살았는데 약 50세부터 지중해식으로 밥을 먹었다고 한다.[12] 그가 젊은 시절 유럽인 1만 2,000명을 대상으로 심장병 발병률을 조사한 결과는 자못 충격적이었다. 지중해식 음식을 먹은 크레타 섬 사람들은 심장마비 사망률이 1만 명당 9명으로 가장 낮았던 것에 비해 핀란드 동부지방 사람들은 1만 명당 992명으로 무려 110배 정도의 차이가 났다.

이렇게 차이가 난 데에 대해 안셀 키스 교수는 다음과 같이 설명했다. 크레타 섬 사람들은 불포화지방이 들어 있는 올리브유 등 심장의 혈관 건강에 좋은 음식을 먹은 것에 비해 핀란드 사람들은 심장 혈관에 좋지 않은 포화지방이 많이 들어 있는 버터나 치즈 등과 같은 음식을 많이 먹었기 때문이라는 것이다. 이 발표 이후에 지중해식 음식이 심장이나 혈관질환에 좋은 것은 말할 것도 없고 암(유방암, 대장암 등)이나 당뇨병, 비만, 백내장 등과 같은 성인병의 예방과 치료에도 좋다는 조사 결과들이 계속해서 나왔다고 한다.

그런데 더 재미있는 것은 같은 지중해식을 먹는 사람들 사이에서도 차이가 있었다는 것이다. 예를 들어 같은 지중해식을 먹는 이탈리아 사람들의 경우 질병 사망률이 크레타 사람들보다 두 배나 높았다고 한다. 사망률이 이렇게 차이가 나는 것은 크레타 사람들이 오메가-3 지방산이라는 지방을 많이 먹기 때문이라고 한다. 오메가-3 지방산은 특히 질병 예방과 노화 방지에 탁월한 효능이 있다. 이 지방산이 많은 음식을 꼽자면 등 푸른 생선(고등어나 꽁치, 멸치)이나 푸른 잎 채소, 아마유, 카놀라유, 호두 등과 같은 음식을 들 수 있겠다.

그런데 놀라운 것은 우리 한국인들이 즐겨 먹는 기름 중에 이 오메가-3 지방산이 풍부하게 포함되어 있는 기름이 있다는 사실이다. 바로 들기름이다. 들깨에서 기름을 짜서 먹는 민족은 한국인밖에 없다는 설도 있지만 이런 뛰어난 기름을 사용하는 한식은 훌륭한 음식임에 틀림없겠다. 그러나 문제가 있다. 이 들기름은 고온에서 조리하면 오메가-3 지방산이 다 없어진다는 것이다. 우리가 요리할 때 이 들기름을 볶는데 그것은 생들기름은 맛이 없기 때문이다. 이렇게 볶으면 기름 맛이 고소하게 되어 좋긴 한데 좋은 지방산이 없어져 문제라는 것이다. 따라서 한식을 더 좋게 만들려면 이 좋은 들기름에 들어 있는 영양분이 파괴되지 않는 조리법을 적극적으로 찾아내야 하지 않을까 하는 생각이 든다.

어떻든 한식을 먹으면 지중해식 음식을 먹었을 때처럼 심장 질환 같은 성인병의 발병 위험이 현저하게 감소할 것이다. 한식에는 도무지 건강을 상하게 할 음식이 없기 때문이다. 대신에 건강에 좋은 채식이 주류를 이루고 있는데 그중에서도 특히 나물은 대단히 훌륭한 식품이라 하겠다. 왜냐하면 채소의 영양을 가능한 한 적게 파괴하면서도 채소의 원래 맛을 살릴 뿐만 아니라 살짝 데침으로써 채소의 뻣뻣함을 죽여 먹기 쉽게 조리하기 때문이다. 게다가 기름이나 소금 등으로 맛있게 간을 하면 맛이 썩 좋다. 그런 면에서 나물은 앞으로 얼마든지 세계화할 수 있는 음식이 아닐까 한다. 특히 비빔밥 같은 음식과 같이 가면 매우 환영받을 수 있는 음식으로 생각된다.

항간에 우리 음식을 먹으면 자동적으로 다이어트가 된다는 설이 있는데 그것은 매우 일리가 있는 이야기이다. 우리 음식에는 사람으로 하여금 살을 찌게 할 만한 음식이 없기 때문이다. 예를 들어 비빔밥은 자연 건강식 중의 건강식이다. 육류가 거의 들어가지 않고 나물이나 콩으로 만든 간장 혹은 고추장이 들어가기 때문이다. 대부분의 한식이 이런 식으로 채식 위주로 되어 있다. 그렇다고 한식이 문제가 없는 것은 아니다. 그중에서 한식이 지나치게 짠 것은 큰 문제라 하겠다. 이것은 나트륨의 과다 섭취와 직결되는 문제이다. 특히 한식의 발달된 국 문화는 한국인으로 하여금 어쩔 수 없이 나트륨을 많이 섭취하게 한다. 한식이 더 훌륭한 음식이 되기 위해서는 이 점이 분명히 해결되어야 할 것이다. 우리 음식이 이렇게 짜게 된 것은 이전에 밥을 먹을 때 국이나 반찬이 부족하다 보니 어쩔 수 없이 짜진 것 아닌가 하는 생각이다. 그러나 이것은 건강에 안 좋으니 어떻든 고쳐야 한다.

그런데 문제는 요즘에 누가 이런 전통적인 한식을 먹느냐는 것이다. 밥을 집에서 먹는 것보다 밖에서 먹는 횟수가 더 많은데 밖에서 이전의 전통적인 한식을 먹기란 하늘의 별 따기다. 식당 음식이라는 것이 짜고 맵고 조미료투성이라는 것은 누구나 다 아는 사실인데 이런 음식에서 어떻게 앞에서 본 전통 음식의 맛과 향을 찾을 수 있겠는가? 이 문제는 아직 속 시원하게 풀리지 않았지만 전문가들이 국민의 건강을 위해 머리를 맞대고 심사숙고해야 할 것이다.

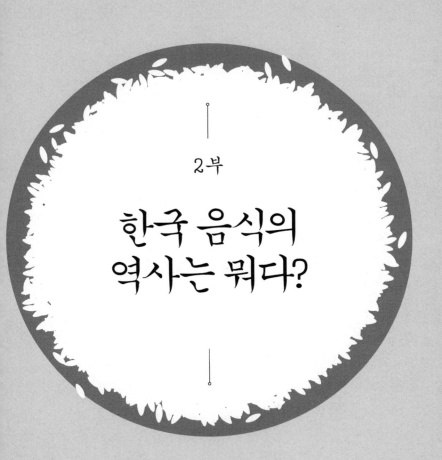

2부

# 한국 음식의
# 역사는 뭐다?

한식의 역사는 우리나라 역사만큼 길지 않을까? 그런데 고대로 갈수록 기록이 거의 없기 때문에 한식이 어땠는지 알 길이 없다. 따라서 우리는 한식 전체의 역사는 알 수 없다. 여기에서는 한식의 통사 말고 그동안 한국 음식이 어떤 계기를 통해 변화 및 발전했는지에 대해서만 보기로 하자. 다시 말해 한식을 결정적으로 변화시킨 주요 전환점들에 대해 보자는 것이다. 그 전환점들과 더불어 현재의 한식이 형성되는 데에 어떤 요인이 작용했느냐에 대해서도 보게 될 것이다. 우리는 이것을 몇 시기로 나누어보려 한다.

한식의 역사를 보기 위해 우리는 고대 기록이 거의 없는 관계로 시대를 많이 올려 잡아 우선 몽골 이전 시기를 첫 번째 시기로 잡을 것이다. 몽골기는 우리 민족이 육식(그리고 소주) 문화를 받아들였다는 의미에서 대단히 중요한 시기이다. 그다음 전환점은 말할 것도 없이 임진왜란 직후이다. 이때 일본으로부터 고추가 들어오고 애용하게 되면서 한식에도 엄청난 변화가 생기게 된다. 한식 연구의 대가였던 강인희姜仁姬(1919~2001) 교수 같은 분은 이때를 한식의 완성시대라고까지 말할 정도이다.[1]

그다음은 일제기이다. 이때 우리는 일본의 영향을 많이 받을 수밖에 없었기 때문에 음식문화도 많은 변화를 겪게 된다. 특히 서양의 음식문화가 일본을 통해 한국에 유입되는 경우가 꽤 있었다. 서양의 음식이 있는 그대로 들어오는 것이 아니고 일본에서 변형되거나 재창조되어 한국으로 들어오는 경우가 많았다. 이런 음식들 가운데 아직도 우리가 즐겨 먹는 것이 있으니 그것에 대해서 보아야 할 것이다.

　마지막으로는 해방 이후 일본을 통해서가 아니라 서양을 직접 만나면서 겪게 되는 변화에 대해 볼 것이다. 사실 이때 생겼던 변화가 제일 큰 것이라 할 수 있다. 왜냐하면 지금 우리가 한식이라고 생각하고 즐기고 있는 많은 음식들이 이 시기에 생겨난 것들이기 때문이다. 이 음식들이 전통과 관계없이 만들어진 것은 아니다. 전통은 잇되 새로운 환경에 맞게 새로운 음식으로 태어난 것이 이 시기의 음식들이다. 그런 의미에서 이 시기에 대해 가장 많은 분량이 할애되지 않을까 싶다. 그럼 몽골 이전부터 보기로 하자.

# 몽골 지배 이전

# 우리에게는 육식 전통이 없었던 것일까?

삼국이나 통일신라, 고려는 채식 전통이 우세

앞에서 말한 것처럼 조선 후기 이전까지 존재했던 음식 관련 기록은 대단히 적다. 그래서 이 시기를 한데 묶어 몽골 (지배) 이전이라고 해보았다. 몽골 시기는 고려 후기를 말하는데 이때 한식에 괄목할 만한 변화가 일어났기 때문에 이것을 가지고 시기를 나눈 것이다.

4세기 후엽에 불교가 한반도에 들어온 이후 우리 민족은 대체로 채식을 했다. 여기에는 몇 가지 이유가 있다. 우선 벼농사가 정착되어 쌀을 비롯한 여러 곡식을 먹게 된 점을 들 수 있다. 물론 쌀을 주식으로 먹을 수 있는 계층은 귀족 계급에 제한된다. 채식과 직접적인 관계가 있는 것은 아니지만 이때 생겨난 변화 중의 또 하나는 메주를 발효시켜 장 담그는 기술이 개발된 것이다. 그래서 간장과 된장이 이때 만들어지게 되는데 이 같은 발효 음식에 대해서는 앞에서 보았다. 그러나 이 장들을 아무나 먹었던 것은 아니고 고위 귀족이나 왕 정도가 되어야 먹을 수 있었다고 한다. 장은 만들기가 쉽지 않아 서민들과는 거리가 멀었던 것이다.

이때 식단이 채식 위주로 만들어질 수 있었던 데에는 한반도의 기후가 농사에 적합하다는 면을 들 수 있겠다. 몽골 사람들이 사는 북만주 지역은 채식을 하고 싶어도 할 수 없다. 강우량이 부족하기 때문에 채소가 성장할 수 없는 것이다. 아울러 그 당시 채식을 하게 된 배경으로 사람들이 불교를 신봉했다는 것을 잊어서는 안 된다. 불교의 영향으로 살생을 금지하는 법령이 삼국은 물론 고려에도 선포되는데 이 때문에 어민들이 전직을 해 어촌이 아예 없어지는 경우도 있었다고 한다. 그러니 식습관이 채식으로 되는 것은 어쩔 수 없는 일이었을지 모른다.

그런데 한편 생각으로는 굳이 살생이나 육식을 금지하지 않았더라도 대부분의 국민은 어차피 채식을 하지 않았을까 하는 추측을 해본다. 왜냐하면 육식을 하려면 워낙 비용이 많이 들기 때문이다. 당시는 대부분의 사람들이 대단히 가난해서 간신히 끼니를 이어가던 때인지라 육식은 가까이하기 어려웠을 것이다. 한국인이 육식을 자유롭게 할 수 있었던 것은 극히 최근 몇

십 년 동안의 일이니 고대에 평민들이 육식을 마음대로 하는 것은 상상할 수 없는 일이다. 게다가 채소는 인간의 음식 중에서 가장 쉽게 만들 수 있는 음식이다. 아무 땅이나 채소를 심으면 자라나니 그렇다는 것이다. 그래서 평민들이 채식을 가까이할 수 있었을 것이다.

이렇게 채식만 할 경우, 문제는 영양 상태가 좋지 않게 된다는 것이다. 특히 단백질의 부족이 문제가 될 수 있는데 이것은 콩을 이용해 어느 정도는 풀 수 있었다. 콩은 '밭에서 나는 고기'라고 할 정도로 훌륭한 음식이며 사실 콩만 잘 먹어도 영양 상태를 웬만큼 유지할 수 있다. 이 콩은 그냥 다른 곡식과 함께 쪄 먹을 수도 있겠고 다른 식으로 변형해 먹을 수도 있다. 콩으로 만드는 요리 중에서 만들기에 그리 어렵지 않은 음식이 두부다. 콩을 쪄서 그냥 먹기는 힘들지만 두부로 만들면 적당한 간과 함께 맛있게 먹을 수 있다. 콩은 간장이나 된장으로 만들어 먹어도 아주 좋은 음식이 된다.

콩과 관련해서 마지막으로 언급하고 싶은 것은 이 콩의 원산지가 중국이 아니라 만주라는 점이다. 중국의 기록에는 맨 먼저 『시경詩經』에 콩에 대한 기록이 나오는데 여기서도 콩이 만주에서 중국으로 수입된 것으로 기록되어 있다고 한다. 당시 만주는 중국 민족보다는 우리 민족의 터전이었으니 콩과 우리 민족은

매우 가깝다고 할 수 있다.[2]

그런데 이렇게 채식만 했다고 해서 우리에게 육식의 전통이 없었던 것은 아니다. 우리에게는 삼국시대에 맥적貊炙이라는 고기 요리가 있었다고 한다. 이것은 최남선崔南善(1890~1957)이 저서 『고사통故事通』에서 중국의 『수신기搜神記』라는 책을 보고 한 말인데, 맥적이란 맥이라는 민족이 즐겨 먹는 불고기를 의미한다. 그런데 맥족은 바로 고구려 사람들을 말하니 이 음식은 우리 민족의 음식인 것이다. 이 음식은 고기를 꼬챙이에 꽂아 불 위에 직접 구워서 먹었던 것이라고 한다. 이런 우리의 고기 요리는 중국의 고기 요리나 다른 나라 고기 요리와 어떻게 다를까? 이것은 양념을 어떻게 하느냐에 달려 있다고 볼 수 있다. 중국식 고기 요리는 고기에 미리 양념을 하지 않는 경우가 많다(중국의 고기 요리를 다 일별할 수는 없는 일이라 일반화해서 말할 수는 없겠지만). 그래서 중국식 고기 요리는 굽거나 삶은 다음에 양념장 같은 데에 찍어 먹게 된다. 그런데 우리의 고기 요리는 양념이 배여 있으니 조리한 다음에 장에 찍지 않고 그냥 먹는다.

이 맥적은 지금 우리가 먹는 음식 가운데에서는 산적散炙과 비슷한 것으로 생각된다. 고기를 양념해서 채소들과 같이 꿰어 구워 먹는 것이 산적 아닌가? 그런데 우리의 고기 요리 전통은 앞에서 본 것처럼 그 뒤로는 기록에 나타나지 않는다. 삼국시대나 고려시대 때 채식 위주의 식단 때문에 이 전통이 아예 끊긴 것인지, 아니면 어떤 형태로든 이어갔지만 그것이 기록에 남지 않은 것인지 그 자세한 정황은 모르겠다. 그런데 이런 전통이 조선 후기에 가서 다시 보이고 있어 재미있다. 우리가 생각하는 가장 한국적인 불고기는 너비아니이다. 이 고기 요리는 소고기를 잔칼질을 많이 해서 부드럽게 만든 다음 양념에 재워서 굽는 요리를 말한다. 이 요리는 형태만 보면 맥적과 매우 다르다. 그러나 고기를 양념에 재운 다음에 굽는 방식은 그대로 이어지고 있어 맥적과 통하는 바가 있다.

그 뒤에 나타나는 우리나라 고기 요리를 보면 외래의 영향을 받아 형태는 달라지지만 고기를 양념에 재우는 전통은 이어지고 있는 것을 알 수 있다. 물론 모든 고기 요리가 고기를 양념에 재우는 것은 아니지만, 현대 한국의 대표적인 고기 요리인 불고기나 갈비는 이 전통을 충실하게 잇고 있다. 지금은 이 두 고기 요리를 고유한 한국 요리라고 알고 있는 경우가 많지만 사실 이 두 요리가 생긴 것은 50~60년 전 정도밖에는 되지 않는다. 불고기의 경우 일본의 스키야키 요리의 영향이 감지되는데 예를 들어 조선간장이 아니라 단 일본간장을 쓰고 그것도 모자라 설탕을 넣는 것 등이 일본 요리의 영향이라 하겠다. 그럼에도 불구하고 불고기는 고기를 양념에 재워서 굽는다는 의미에서 여전히 이전 전통을 따르고 있음을 알 수 있다.

사정은 갈비도 마찬가지이다. 현재 우리가 먹는 (소)갈비는 극히 최근에 만들어진 음식이다. 그럴 수밖에 없는 것이 뼈를 그렇게 절단하는 것은 이전에는 가능하지 않았기 때문이다. 이것은 서양(미국)에서 뼈를 절단할 수 있는 기계가 들어온 다음에야 가능했던 일이다. 그래서 어떤 갈비는 이름을 아예 'LA갈비'라고 하지 않는가? 이것은 이 음식을 LA식으로 요리했다는 것이 아니고 이 음식이 미국에서 들어왔다는 것을 의미한다. 다시 말해 미국 기계로 절단해서 만든 고기라는 뜻이겠다.[3] 원래 우리는 고기를 구워서 먹는 전통이 그다지 강하지 않았다. 굽기보다는 삶아 먹는 경우가 태반이었다. 갈비도 구이보다는 찜으로 해서 먹는 게 전통이었다. 그런데 LA갈비처럼 미국식으로 절단된 고기를 먹을 때에도 양념에 재워서 한다는 의미에서 여전히 이 갈비 요리도 한국식을 따르고 있는 것을 알 수 있다. 한국인이 이런 식으로 요리하는 것을 좋아하는 이유는 고기를 양념에 재워서 먹으면 맛있기 때문일 것이다. 그래서 국제적인 경쟁력도 강해 외국인들이 좋아하는 한국 음식 중에서 항상 상위를 차지하는 게 이 고기 요리 아닌가?

# 몽골 지배 100년

# 한국의 육식 전통은 언제 시작한 것일까?

　우리 민족은 삼국시대부터 고려시대까지 채식을 했건만 지금은 식단이 고기를 엄청 먹는 쪽으로 바뀌었다. 생각건대 채식은 조선으로도 이어졌을 것이다. 왜냐하면 조선시대에 대부분의 서민들은 고기 요리 먹는 것을 상상할 수도 없었기 때문이다. 이유는 언급할 필요조차 없겠다. 한 끼 밥 먹기도 힘든데 무슨 고기 요리인가? 그랬던 한국인들이 경제 사정이 조금 좋아지자 1970년대 이후부터 고기를 많이 먹기 시작했다. 이 사정은 직장인들이 저녁 메뉴로 가장 선호하는 음식이 삼겹살과 소주라는 데에서 알 수 있다.

　그런데 재미있게도 이 두 음식이, 아니 정확히 말하면 육식 전통과 소주 음용 전통이 바로 이 몽골 지배 시기에 수입되었다.

몽골 지배기 이전에 우리 민족이 고기를 먹지 않았다는 것을 이
야기하기 위해 가장 자주 인용되는 자료는 서긍徐兢이 쓴 『고려
도경高麗圖經』이다. 서긍은 송나라 휘종 때 고려에 온 사신으로
개경에 와서 보고 들은 것을 두 권의 책으로 남겼다. 두 권 중 그
림으로 그린 책은 없어지고 글로 적은 것만 남아 있는데 만일 그
림책까지 남아 있다면 얼마나 소중한 자료일까 하는 생각이 든
다. 고려인들의 생활사에 대해서는 남아 있는 자료가 워낙 없어
이 책의 가치는 말할 수 없이 중하다.

이 책을 보면 고려인들이 짐승 잡는 법을 몰라 쩔쩔 매는 모
습이 나온다. 고려 정부는 중국에서 온 사신을 대접하기 위해 양
이나 돼지 등을 도살해야 했는데 지금껏 해오던 일이 아니라 당
황했던 모양이다. 서긍은 이 모습을 '네 다리를 묶어 불 위에 던
지고 그래도 살아나면 몽둥이로 때려죽인다. 그렇게 하면 창자
에서 오물이 흘러나오게 되니 이것으로 요리한 고기는 냄새가
고약해 먹을 수가 없다'라는 식으로 묘사하고 있다.[4] 이 기록을
통해 우리는 당시 고려인들이 짐승을 잡는 데에 얼마나 미숙했
는가를 알 수 있다. 물론 이 이야기를 액면 그대로 믿을 수 있는
것은 아닐지 모르지만 사실을 어느 정도는 반영하고 있으리라
생각된다.

육식에 관한 한 이랬던 것이 100년 동안 몽골의 지배를 받으

기마인물형토기(騎馬人物形土器), 국보 91호(자료: 국립중앙박물관)

면서 고려인들은 몽골의 육식 문화에 자연스럽게 익숙하게 된
다. 그러면 몽골 사람들은 대체 어떻게 고기를 먹었을까? 다행
스럽게도 이 사정을 부분적으로 알려주는 유물이 우리에게 남
아 있다. 사진에 보이는 유물은 기마인물형토기로 국보로 지정
되어 있는 것이다(지하철 3호선 경복궁역에는 이것을 크게 만들어
놓은 것이 있다). 이 토기는 신라 고분(금령총)에서 발견된 것으로
생김새는 말을 탄 사람의 모습이지만 사실은 액체를 담는 그릇
이다. 이 토기를 자세히 보면 사람 뒤에 작은 그릇이 있는데 이
것이 바로 청동솥이다. 몽골 사람들은 유목 민족답게 육식을 주

로 했는데 고기를 말려서 갖고 다니다가 밥을 먹을 때 이 솥에
고기를 넣어 끓여 먹었다고 한다. 고기를 말려 육포로도 먹었지
만 국물이 필요할 때에는 이렇게 솥에 넣어 먹었다는 것이다. 일
설에 의하면 몽골인들은 말린 고기를 말안장 밑에 놓고 다니면
서 먹었는데 이것이 유럽에 전해져 햄버거의 속(패티)이 되었다
고 한다.

이런 식으로 고기를 먹는 관습은 재미있게도 요즘에 다시 우
리 곁에 나타나기 시작했다. 샤브샤브가 그것이다. 내가 어렸을
때인 1960년대에는 샤브샤브 같은 음식은 없었다. 대신 일식인
스키야키를 많이 먹었는데 어느 때부터인가 샤브샤브가 나타나
스키야키를 밀어내고 이런 유의 음식 가운데 가장 유명한 음식
이 되었다. 사실 이 두 음식은 조리 방법이나 들어가는 내용물이
그다지 차이 나는 음식이 아니다. 이 두 음식은 모두 일본에서
만들어진 것인데 그 유래에 대해서는 여러 설이 있는 것 같다.
우선 몽골의 육식 습관이 중국에 전해져 '훠궈火鍋'라는 음식이
되었고 이것이 다시 일본으로 전해져 샤브샤브가 되었다는 설
이 있다. 심지어 샤브샤브는 우리나라 음식인 토렴5이 일본에
전해져 샤브샤브가 되었다는 설도 있다. 그러나 식습관으로 보
면 아무래도 샤브샤브나 스키야키는 모두 몽골식의 육식 문화
가 어떤 경로로 일본에 전해져 만들어진 것으로 보는 게 타당할

것 같다.

일본에서도 이런 육식 전통이 생긴 것은 그다지 오래되지 않았다. 일본도 역사의 대부분의 기간 동안 우리처럼 채식 위주의 식단을 갖고 있었기 때문이다. 물론 일본은 섬나라이니 해산물이 풍부해 식단에 해산물이 포함되어 나름대로 많은 발전을 이루었다. 그러나 이들이 육식을 한 것은 아니었다. 일본인들이 육식을 본격적으로 시작한 것은 19세기 후반인 메이지 유신 이후라고 한다. 이때 일본인들은 서구식의 육식 습관을 받아들이면서 고기를 먹기 시작했는데 당시에 그들은 서양식의 육식 습관을 바로 받아들이기가 힘들었던 모양이다. 이것은 당연한 것이다. 한 나라 사람들의 식습관은 그렇게 쉽게 바뀔 수 있는 게 아니기 때문이다. 그래서 일본인들은 서양식의 육식 전통을 자신들이 받아들이기 편하게 변형을 꾀했다. 그렇게 해서 그들은 동양의 전통을 유지하되 새로운 음식인 스키야키나 샤브샤브 등과 같은 일본풍의 음식을 만들어낸 것이리라. 우리도 일제기에 일본의 영향을 받아 육식 전통이 서서히 강해지는데 이 점에 대해서는 뒤에서 상세하게 볼 것이다.

# 소주가 우리 술이 아니라고?

앞에서도 말했지만 현대 한국의 회사원들이 모여서 먹을 때 가장 좋아하는 저녁거리는 삼겹살에 소주라고 한다. 한국인들의 소주 사랑은 세상이 다 안다. 이게 전 세계적으로 알려져 세간에 재미있는 소문을 자아내기도 했다. 영국의 주류 전문지 ≪드링크스 인터내셔널Drinks International≫에 따르면 2011년 한 해 동안 전 세계에서 제일 많이 팔린 술이 '진로' 소주였다고 한다. 이 양을 상자(9리터 기준)로 계산해보면, 6,000만 상자가 조금 더 된다고 한다. 게다가 더 놀라운 것은 3위 역시 우리나라의 소주인 '처음처럼'이었다는 사실이다. 그런데 정작 한국인 본인들은 자신들이 이렇게 소주를 많이 마시고 있는지 잘 모르고 있는 것 같다. 이것은 한국인들에게 이 소주 마시기가 워낙 생활화되어 있어 그런 것 아닐까. 한국 드라마나 영화를 많이 보는 외국인들은 거기에 나오는 '녹색 병green bottle'이 무엇이냐고 묻는다고 한다. 이 녹색 병은 말할 것도 없이 소주병이다. 한국인들이 평소에 물 마시듯 이 소주를 마셔대니 드라마나 영화에도 자연스럽게 자주 등장하는 것이리라.

그래서 그런지 한국인들은 소주를 전통적인 술로 생각하는 것 같다. 그러나 이것은 사실이 아니다. 소주는 고려가 몽골 지배를 받을 때 들어온 것이기 때문이다. 그러면 그 이전에 우리 민족은 무엇을 마셨을까? 말할 것도 없이 같은 방법으로 만드는 12도 내지 18도짜리의 청주(혹은 약주)와 6도 정도의 막걸리였다. 그러나 소주를 한번 접하자 우리 민족은 소주에 빠지게 되었다. 왜냐하면 청주나 막걸리 같은 발효주들은 알코올 도수가 20도 이상 되기가 힘든데 소주 같은 증류주는 40도 이상이 되니 그 화끈함이 마음에 들었을 것이다. 그 취하는 정도가 차원이 다르니 소주를 몽골로부터 배운 우리 민족은 그 후 소주를 아주 좋아하게 되었다.

그러나 그렇다고 해서 현대 한국인들이 가장 즐겨 먹는 소주가 몽골 소주 같은 증류주라는 것은 아니다. 녹색 병에 나오는 '참이슬'이나 '처음처럼' 같은 소주는 전통 소주처럼 쌀이나 수수로 만드는 것이 아니라 사탕수수나 타피오카 같은 것을 가지고 만든다. 이 재료들을 발효시킨 다음 연속식 증류기에 넣어 에틸알코올(주정)을 추출하는 것이다. 이렇게 해서 나온 주정은 알코올 농도가 95%나 된다고 한다. 여기다가 물을 타서 희석하고 첨가물을 넣고 정제해 만든 것이 현대 한국인들이 마시는 소주이다.

어떤 사람은 이렇게 만든 소주를 화학주라고 하는데 그렇게 말할 수는 없을 것이다. 이런 소주도 나름대로 증류 과정을 거치니 화학주라고 할 수는 없고 그냥 희석식 소주라고 부르면 될 게다. 이렇게 만들기 때문에 이 술은 앞에서 본 몽골의 증류식 소주보다는 질이 떨어질 수밖에 없다. 그러나 그렇게 단순하게 말할 수 있는 것은 아니다. 이런 소주들은 가격 대비로 하면 대단히 좋은 술이기 때문이다(모든 상품은 가격을 고려해야 한다). 이 정도의 술을 그 가격으로 마실 수 있다는 것은 이 소주들이 아주 훌륭한 술이라는 것을 뜻한다. 그렇지 않은가? 식당에서 단돈 3,000원이면 소주 1병을 마시고 기분 좋게 취할 수 있으니 이 소주가 얼마나 좋은 술인가를 알 수 있다. 그래서 한국인들이 이 소주를 그렇게 좋아하는 것 아닐까?

이런 술에 비해 몽골식 소주는 증류해서 만드는 고급주이다. 증류주도 시작은 막걸리와 같다. 막걸리를 만들 때 쓰는 밑술(혹은 술밑)을 소주고리 안에 넣고 가열한다. 그러면 그 수증기가 위에 있는 소주고리의 뚜껑에 맺히게 되고 그것이 밖에 있는 병으로 내려져 들어간다.[6] 이렇게 내려진 것이 소주 원액인데 이것을 다시 일정 기간 발효시킨 다음 물을 타든지 해서 우리가 마실 수 있는 술을 만든다. 지금 우리 주위에 있는 소주 가운데 이런 방식으로 만든

소주고리

술은 '안동소주'나 '화요', '일품진로' 같은 것들이다.

재미있는 것은 이런 소주가 개성이나 안동, 제주도 등지에서 만들어졌다는 것이다. 이것은 그곳에 몽골군의 기지가 있었기 때문에 가능했던 것으로 추측된다. 당시 원은 일본을 치기 위해 고려에 여러 기지들을 만들었는데, 제주도에는 일본에 가장 근접해 있는 전진기지를 만들었고[7] 개경이나 안동에는 병참기지를 만들었다고 한다. 이런 기지에서 원의 군인들이 마실 소주를 만들었을 것이고, 그 만드는 법이 그대로 이 지역에 사는 고려인들에게 전해져 몽골인들이 퇴각한 다음에도 그 지역에 남게 되었을 것이다. 그래서 지금도 '안동소주'라는 제품명으로 파는 소

주가 남아 있는 것이다. 그뿐만 아니라 제주도에도 이전에 소주를 많이 먹었다는 기록이 남아 있다고 한다.

그런데 이 소주는 아랍 지방(정확히 말하면 페르시아 지방)에서 가장 먼저 만들어졌다고 한다. 항간에는 소주가 아랍 지방에서 만들어진 이유에 대해 이렇게 말한다. 발효주는 아랍 지역의 더운 기후 때문에 발효의 정도가 너무 심해져 식초처럼 되어 시어지거나 부패하기 때문에 증류주 만드는 기술이 개발되었다는 것이다. 그런데 이 설에 의심이 드는 것은 당시 아랍 사회는 이슬람 사회인지라 술을 마실 수 없었을 터인데 어떻게 술을 만들었느냐는 것이다. 따라서 이때 발명된 증류 기술은 다른 용도로 쓰기 위해 만들어지지 않았을까 하는 추측을 해본다. 다만 추정이지만 향수나 약품을 만들기 위해 증류 기술을 개발했을 것이라는 추측이 가능하지 않을까 싶다.

어찌 되었든 이 기술은 원에 전해져 한반도로 유입되었다. 이 아랍 지역 역시 원 제국의 일부였으니 그것이 다른 원 제국의 일부인 고려로 전해진 것은 전혀 이상한 일이 아니다. 이 영향으로 생각되는데 얼마 전까지도 이 소주를 평안북도에서는 '아랑주'라고 하고 개성에서는 '아락주'라고 불렀다. 아랍어로 알코올을 '아라그arag'라고 했다고 하니 거기에서 나온 이름으로 생각된다. 더 재미있는 것은 이 증류주 만드는 법이 십자군 전쟁 때 유럽인들에게도 전해져 위스키로 발전했다는 설도 있다는 것이다. 이렇게 되면 증류 알코올의 시원은 아랍 지방이 된다. 하기야 알코올이라는 단어 자체의 기원이 아랍이니 이렇게 된다고 해서 이상한 일은 아니다.

그런데 우리가 지금의 희석식 소주를 많이 먹게 된 배경에는 1965년에 시행된 순곡주 제조금지령이 있다. 당시는 증류식 소주 전통이 끊겨서 한국인들은 희석식 소주만 접할 수 있었다. 그런데 그때 있던 진로 소주 같은 희석식 소주는 도수가 30도나 되고 맛도 별로여서 국민들에게 인기가 없었다. 지금 우리가 마시는 소주들은 당시의 제품보다 도수가 많이 떨어졌을 뿐만 아니라(현재는 20도 안팎) 제조법도 많이 발전해 훨씬 좋은 술이라 할 수 있다. 그러나 당시는 소주가 그다지 좋은 술로 인식되지 못해 사람들은 막걸리를 많이 마셨다. 그러던 중 정부에서 쌀이나 곡식을 사용해서 술을 만들지 못하게 했다. 이것이 순곡주 제조금지령이다. 그때 한국은 아주 못살던 국가라 쌀을 위시한 곡식이 매우 부족했으니 어쩔 수 없는 일이었을 것이다.

그래서 사람들은 밀가루를 사용해 막걸리를 만들 수밖에 없게 되었다. 당시는 미국으로부터 밀가루를 원조 받고 있었기에 이것이 가능했을 것이다. 그런데 이렇게 밀가루로 만든 막걸리는 질이 한참 떨어졌다. 게다가 발효를 빨리 시키겠다고 막걸리에 카바이드[8] 같은 광물을 넣어 질을 더더욱 떨어뜨렸다. 그 결과 사람들은 점차 막걸리를 기피하게 되었고 그 대신 소주를 찾게 된 것이다. 그러니까 소주가 좋아서 마신 게 아니라 차선책으로 마신 것뿐이다. 그러나 앞에서도 말한 것처럼 이러한 희석식 소주는 그 뒤 계속 발전하여 현재에 이르게 된다.

# 조선 후기,
# 임란 후 완성되는 한식

## 고추의 수입을 중심으로

# 임란 후에 우리 음식에는
# 어떤 변화가 생겼을까?

음식전문서의 출현

앞에서 말한 것처럼 한국의 식품영양학의 원로였던 강인희 교수는 임란 후에 한식이 완성되었다고 했는데, 그것은 잘 알려진 것처럼 고추의 수입으로 생긴 결과이다. 그러나 이것만 가지고 한식이 이 시기에 완성되었다고 말하기에는 조금 무리가 있다. 왜냐하면 그 외에도 괄목할 만한 변화가 있었기 때문이다. 강 교수에 따르면 이 시기가 되면서 조선 사회에는 신분 간의 교류가 가능하게 되었다고 한다. 임란 이전에는 왕실의 음식이나 사대부 음식, 그리고 평민의 음식이 서로 간에 교류 없이 따로따로 존재했는데 이때에는 신분 간에 소통이 되면서 음식문화도 서로에게 영향을 주게 된다. 구체적으로 궁중식은 양반식에, 또 양반들의 음식은 평민들의 음식에 영향을 주게 된다. 이렇게 되면서 전 계층의 음식이 같이 발달했고 이것이 한식의 완성으로 이어졌다는 것이다.

변화는 이것만이 아니다. 지금은 우리에게 매우 익숙해서 흡사 전통 식품으로 생각되는 것들 중에 이때 들어온 것이 많다. 예를 들어 호박이나 고구마, 감자, 옥수수, 후추, 완두 등과 같은 먹을거리들이 이때 대거 들어온다. 그뿐만이 아니라 수박이나 사과, 토마토 같은 과일류의 식품들도 이즈음 해서 조선에 소개된다. 이것들은 현재 한국인들이 일상식으로 먹는 것들인데 그 역사가 400년 남짓에 불과하다니 놀라운 일이다. 이렇게 다양한 식재료들이 들어오게 되니 음식만 다양해지는 게 아니라 새로운 조리법도 많이 생기게 되는데 이것들을 다 볼 필요는 없을 것이다. 대신에 이 시기에 들어오면서 이전과는 달리 음식에 관한 책들이 많이 나왔다는 것으로 그 설명을 대신하고 싶다. 재료도 많아지고 조리법도 다양해지니 그것을 기록하는 책들이 많이 나왔을 것으로 추정할 수 있을 것이다. 이제 그런 책들에 대해 잠깐 보자.

이런 책 가운데 가장 먼저 쓰인 것으로 여겨지는 책은 허균許筠(1569~1618)의 『도문대작屠門大嚼』(1611년 작)[9]이다. 제목이 아주 이상하지만 내용은 허균 자신이 귀양을 가서 혹은 전국 각지에서 관리 생활을 하면서 맛보았던 음식들에 대한 것이다. 이 책은 조리서는 아니다. 그럴 수밖에 없는 것이 허균은 사대부이니 조리법까지는 몰랐을 것이기 때문이다. 그러나 이 책은 허균 시대, 즉 16세기 중후반에 조선에 어떤 음식이 있었는가를 알려주는 매우 좋은 책이라 할 수 있다. 이 책과 비슷한 시기에 나온 음식 관련 문헌으로는 보통 이수광李睟光(1563~1628)이 쓴 『지봉유설芝峯類說』(1614년 작)과 안동 장 씨(1598~1680)[10]가 쓴 『음식디미방』(1670년경 작)[11]을 꼽는다.

『지봉유설』은 음식에 대해서만 있는 것이 아닌 백과전서 같은 방대한 책인 반면, 『음식디미방』(이하 디미방)은 음식에 대해서만 쓰여 있어 특별한 관심을 끈다. 게다가 디미방은 저자가 여성인 관계로 조리법까지 상세하게 서술하고 있어 음식학자들은 이 책을 한국 최고의 '식경食經'이라고 부르고 있다. 여성이 저자인 관계로 물론 한글로 쓰여 있는데 그런 면에서 국어학사적으로도 연구할 가치가 있을 것으로 생각된다. 사실 이 책은 외부에 알리려고 쓴 것이 아니라 자신의 후손들에게 집안의 음식 조리법을 남기려고 쓴 책이다. 이 책에는 약 300여 가지의 음식이 소개되어 있는데 재미있게도 술과 과자류가 제일 많다. 술이 많은 것은 아마 제사와 관계가 있을 것으로 생각된다. 이름난 사대부 집안이다 보니 제사가 많을 것이고 그때마다 좋은 술이 필요했을 것이니 술에 대해 더 신경을 쓴 것 아닐까 하는 생각이다. 이런 음식 외에도 장이나 초醋(식초류), 밥, 죽, 탕, 찜, 차, 침채(김치), 채소와 과일, 면이나 만두, 어육이나 조개, 기름 등 당시로서는 매우 다양한 음식들이 소개되어 있다.

디미방 뒤로 나오는 음식전문서 가운데 가장 눈에 띄는 것은 『규합총서』(이하 총서)이다. 그런데 디미방이나 총서가 나오는 시기를 전후로 해서 음식과 부분적으로 연관되는 책들이 있어 우리의 주목을 끈다. 예를 들어 18~19세기에 나온 책 가운데 유득공柳得恭(1749~1807)이 쓴 『경도잡지京都雜志』(18세기 말 작)나 이덕무李德懋(1741~1793)가 쓴 『청장관전서青莊館全書』(18세기 말 작), 그리고 서유구가 쓴 『임원십육지』(1835년경 작) 등이 그것이다. 이 가운데 가장 주목을 끄는 것은 마지막 책이다. 『임원십육지』는 당시까지 나온 농업 관계 책의 집대성일 뿐만 아니라 실학적인 농촌경제 정책서라 할 수 있다. 이 책은 농촌 생활에서 가장 긴요한 것을 16개 항목으로 나누어 설명하고 있는데 음식 조리법에 관한 것이 이 항목 가운데 하나로 포함되어 있다. 그러나 어찌 되었든 이 책들은 모두 사대부 집 남자들이 쓴 것이고 음식은 아주 부분적으로만 다루었을 뿐만 아니라 음식 자체를 다룬 책은 아니라는 한계를 지닌다.

이에 비해 음식문화의 주체인 여성이 음식 자체를 아주 깊게 다룬 책이 있으니 이것이 바로 『규합총서』이다. 이 책은 음식학자들 사이에서는 조선 최고의 조리서로 불린다. 이 책만큼 당시의 음식과 그 조리법에 대해 방대하고 자세하게 쓴 책이 없기 때문이다. 물론 이 책은 한글로 쓰였다. 이 책은 조선 후기의 명문 실학자 가문인 서유구의 집안에서 나온다. 저자인 빙허각 이 씨(1759~1824)는 바로 서유구의 형수인데 시집와서 어린 서유구에게 한문을 가르쳐줄 정도로 학문이 뛰어났다고 한다. 이 책은 이 씨가 쓴 『빙허각전서』의 1부에 해당하며[12] '규합총서'라는 이름[13]에서 보면 이 책은 가정생활 대백과사전이라 할 수 있다.

이 책은 크게 다섯 장으로 되어 있는데 음식과 관계되는 부분은 제목이 '주식의酒食議'로 되어 있는 첫 번째 장이다. 그 제목은 '술과 음식에 대해 논의하는 장'이라는 뜻이 되겠다. 그 내용을 잠깐 훑어보면, 제목에 술이 처음에 나오니만큼 술에 대한 설명이 맨 서두에 나온다. 그다음으로는 장, 초, 밥/죽, 차, 김치, 생선, 고기, 조류, 채소, 병과, 기름 등의 순서로 설명이 진행되고 있다. 전체 항목은 앞에서 본 '디미방'과 그리 다르지 않은데 술 부분이 디미방에 비해 1/3 정도로 축소되어 있다. 대신 병과류 부분은 50가지가 넘는 등 매우 상세하게 다루어지고 있다.

이 책은 이런 음식에 대한 조리법을 남기고 있을 뿐만 아니라 음식에 관한 철학까지 제시하고 있어 더 주목된다. 예를 들어 "음식을 심고 거두고 조리하는 데에는 공이 드는데 동물의 경우에는 열 사람의 노고가 든다"[14]라고 하면서 이런 노고와 함께 조상들의 노고, 백성들의 헌신을 생각해야 한다는 것이 그것이다. 명문가 사대부의 부인이 가질 만한 매우 품격 있는 생각이라 하겠다. 이런 태도는 그저 조리법만 익혀 음식을 만들어 먹겠다는 생각에서 진일보한 것이다. 어떻든 조선 후기에 이 같은 음식 관련서들이 많이 나왔다는 것을 통해 우리는 이 시기에 한식이 괄목할 만한 발전을 이루었다는 것을 알 수 있다.

# 고추의 수입이 한식을 완성했다고?

한국인들이 고추를 좋아하는 것은 익히 알려진 사실이다. 한국을 대표하는 음식 가운데 제일 유명한 것이 고추를 듬뿍 넣은 배추김치라는 데에서도 그것을 알 수 있다. 과거 우리 민족은 이 김치를 주요 반찬으로 삼아 밥을 먹었다. 특히 채소를 구하기 힘든 가을과 겨울 동안 우리 민족은 고추 위주로 간을 맞춘 김치를 통해 채소의 부족을 해결했다. 뒤에서 보겠지만 김치가 이렇게 오랫동안 저장이 가능했던 것은 소금과 함께 고추가 들어갔기 때문이다.

한식은 고추가 들어간 김치가 생기면서 엄청난 변화가 나타나 그것이 지금까지 그대로 내려왔으니 고추의 수입이 한국음식사에 얼마나 큰 변화를 가져왔는지 알 수 있다. 고추는 김치에

만 들어가는 것이 아니다. 고춧가루로 고추장도 만드는데 이 고추장이 우리에게 없어서는 안 되는 조미료로 변형·발전된 것도 잊어서는 안 된다. 이처럼 고추는 한식사에 큰 족적을 남기게 된다. 고춧가루와 고추장이 우리 음식에서, 특히 국이나 탕에서 맛을 내는 데에 얼마나 중요한 역할을 하는지는 두말할 나위 없는 너무나 자명한 사실 아닌가.

이런 한두 가지 음식에만 고추가 들어가 있으면 그러려니 하지만 한국인들이 매일 먹는 밥상을 보면 한국인들이 고추를 얼마나 좋아하는지 알 수 있다. 한국인들의 일상적인 밥상을 보면 그 반찬 중의 반은 고추가 들어가 있는 것을 발견할 수 있다. 많은 볶음류(제육볶음 등)와 무침류(더덕무침 등)의 음식은 고춧가루를 가지고 간을 맞춘 경우가 많다. 한국인들은 자신도 모르게 고추를 넣은 음식을 좋아하고 있는 것이다. 이처럼 한식에서 고추 조미료를 사용하게 되면서 조리 방식이나 먹는 방식에 엄청난 변화가 생겼다.

한국인들의 고추 사랑은 현대에 와서 전혀 엉뚱한 데에서 그 기지를 발하고 있어 재미있다. 그 주인공은 가장 한국적인 라면이라 할 수 있는 '신라면'이다. 라면이 일본에서 들어온 것이라는 것은 한국인이면 누구나 다 아는 사실이다. 그런데 한국인들은 이렇게 수입된 식품에다가 자기들이 좋아하는 고추를 넣어 다른 맛의 식품을 만들었고 이것이 전 세계적으로 통했다. 한국인들이 자신들이 좋아하는 것과 수입된 것을 섞어 명품을 만들어낸 것이다. 고추는 자신들이 좋아하는 음식이었으니 가장 잘 알고 있었을 것이고 그래서 어떻게 활용해야 하는지 잘 알고 있었을 것이다. 신라면은 바로 그런 정황을 보여준다.

그러면 이렇게 중요한 고추는 언제 들어온 것일까? 여기에는 중국이나 일본을 통해 들어왔다는 두 가지 설이 있는데 학계에서는 대체로 일본 설을 따른다. 임란 후에 일본을 통해 들어왔다는 것이다. 원래 문화교류는 전쟁 때 가장 많이 일어나는 법이다. 고추가 일본에서 들어왔다는 것을 알 수 있게 해주는 자료는 이수광의 『지봉유설』이라고 한다. 이 책은 고추를 처음 언급한 책으로도 유명한데 이수광은 고추를 두고 남만초南蠻椒 혹은 왜겨자倭芥子라고 부르고 있다. 왜겨(개)자는 말 그대로 일본의 매운 조미료인 겨자를 뜻한다. 그리고 남쪽 오랑캐의 산초를 뜻하는 남만초는 독이 있고 매우 매운 것이라고 적고 있는데 이것이 고추를 의미한다는 것은 누구나 알 수 있다.

그런데 고추와 관련해서 한국인들이 오해하는 것이 있다. 고추를 넣은 배추김치가 매우 오래된 음식이라 생각하는 것이 그것이다. 그러나 배추와 고추가 만난 것은 19세기 말 혹은 20세기 초이니 배추김치는 100년 남짓 된 음식인 것을 알 수 있다.

이 김치에 대해서는 뒤에서 다시 상세하게 설명할 것이다. 그럼 우리 민족은 고추를 쓰기 전에는 어떤 조미료를 썼을까? 음식학자들에 따르면 고추를 쓰기 전에는 후추나 천초, 생강과 같은 조미료가 많이 쓰였다고 한다. 그러나 이 조미료들은 값이 비싼 관계로 일반적으로 많이 통용되지는 못했다. 특히 후추는 금값에 버금갈 정도로 비쌌다고 한다. 그러다 고추가 수입되자 당시 사람들은 쾌재를 불렀을 것이다. 후추나 산초처럼 매콤한 맛이 나고 맛 또한 아주 좋아 조미료로 제격인데 아무데서나 잘 자라니 얼마나 좋겠는가? 아무데서나 잘 자란다는 것은 그만큼 값이 싸진다는 것을 의미한다. 그러니 일반 국민들도 이 고추를 쉽게 접할 수 있었다. 물론 처음부터 그러지는 않았고, 고추의 효능이 점점 알려지면서 점차로 사람들이 고추를 좋아하게 되었을 것이다.

당시 우리 민족이 고추를 좋아하게 된 데에는 몇 가지 이유가 있을 것이다. 그중에서 우선 고추가 갖는 맛이나 뛰어난 저장성을 들 수 있겠다. 식품 가운데 소금이 지니는 중요성은 아무리 강조해도 지나치지 않을 것이다. 소금은 간을 맞추고 식품을 오랜 기간 저장하는 데에 탁월한 효능이 있기 때문이다. 짠맛은 영양분으로서도 필요하고 간을 맞추는 데에도 없어서는 안 되는 맛이다. 그런데 이런 중요한 것을 충족시키는 식품인 소금은 값이 매우 비싼 것이 문제였다. 따라서 대부분의 서민들은 소금을 마음대로 이용할 수 없었다. 이런 소금을 대신할 수 있었던 식품이 바로 고추였다. 고추는 소금이 갖고 있는 염분을 보충할 수 있는 식품이었던 것이다. 그런 때문으로 생각되는데 소금을 구하기 힘든 벽지 같은 곳에서는 고추의 소비량과 소금의 소비량이 반비례했다고 한다.

그런데 동북아 3국 가운데 왜 유독 우리나라 사람만 고추를 좋아하는 것일까? 고추는 일본이나 중국에도 있는데 왜 한국에서만 인기가 있느냐는 것이다. 물론 고추는 다량의 비타민 C가 들어 있어 영양적으로도 대단히 뛰어난 식품이다. 고추는 사과의 50배, 밀감의 2배 정도로 비타민 C가 많다고 하니 상당히 뛰어난 식품인 것을 알 수 있다.

비타민의 효능과 더불어 생각해야 할 것은 고추에는 매운맛을 내는 캅사이신capsaicin이라는 물질이 있다는 것이다. 이 때문에 생기는 매운맛은 입안에 강한 자극을 주고 식욕을 돋운다. 이 캅사이신이 우리 몸 안에 들어와 효소로 바뀌기 때문에 식욕을 당기게 하는 것이다. 이 물질은 특히 지방질을 분해하기 때문에 기름진 음식을 먹을 때는 이런 매운 음식을 같이 먹는 것이 좋다. 그런데 한국에서 생산되는 고추는 다른 지역의 것과 조금 다르다고 한다. 어떻게 다르다는 것일까?

한국 고추는 다른 나라의 고추와는 달리 매운맛 외에도 단맛과 감칠맛이 나는데 실제로 성분을 분석해도 이렇게 나온다고 한다. 즉, 한국 고추에서는 당분과 아미노산 성분이 많이 추출된다는 것이다. 그래서 우리 고추에는 매운맛과 단맛이 잘 섞여 있다. 우리나라 사람들이 고추를 좋아하게 된 데에는 우리 고추가 갖고 있는 이런 우수함에 기인하는 바가 클 것이다.

사정이 이런지라 우리는 고추를 고추장에 찍어 먹는다. 사실 고추를 고추장에 찍어 먹는 것은 한국인들에게는 일상적인 일이지만 객관적으로 생각해보면 꽤 웃기는 일이 아닐 수 없다. 이것은 마치 케첩에다가 토마토를 찍어 먹는 일과 다름없기 때문이다. 토마토를 케첩에 찍어 먹는 것은 상상할 수도 없는 일이지만 고추를 고추장에 찍어 먹는 일이 다반사인 것은 고추가 갖고 있는 다양한 맛 때문일 것이다.

그뿐만 아니라 고추장은 고추만 넣어 만드는 것이 아니라 엿기름 같은 것도 넣으니 그저 매운맛보다 훨씬 풍부한 맛이 난다. 대체로 이런 이유 때문에 한국인들이 고추를 좋아하게 된 것이 아닐까 하는 생각이 든다.

그런데 고추가 우리나라에 수입되었을 때 바로 쓰였던 것은 아니었다. 고추가 들어오고 한참 뒤인 17세기 후반에 나온 음식 관계 문헌에도 고추에 대한 언급이 나오지 않기 때문이다. 그러다 고추와 관계된 음식에 관한 기록이 처음으로 문헌에 등장하는 것은 18세기 중엽으로 『증보산림경제增補山林經濟』라는 책에서라고 전해지고 있다. 일설에 의하면 고추가 들어간 최초의 음식은 '개장국'(요샛말로 하면 보신탕 혹은 사철탕)이라고 한다. 개장국은 평민들이 단백질이 심히 부족해지는 여름에 많이 먹는 음식이다. 아마 고추가 고기 냄새를 없애주고 국 맛을 얼큰하게 해주니 넣은 것 아닐까 하는 생각이다.

# 배추김치가 100여 년밖에 안 됐다고?

## 김치의 형성과 그 의미에 대해

미국의 영양학자 크리스틴 커크패트릭Kristin Kirkpatrick은 어느 신문 기사에서 "아마 당신이 지금 먹고 있지 않겠지만 반드시 먹어야 하는 음식Foods You Probably Aren't Eating — But Should" 5가지 가운데 1위로 김치를 꼽았다.[15] 그 이유에 대해 그는 김치가 만들어내는 박테리아계의 슈퍼스타 '젖산균'이 가스 형성을 줄이고 소화불량이나 더부룩함을 개선할 뿐만 아니라 다이어트 효과도 가져온다고 주장했다. 이것은 우리가 앞에서 발효음식에 대해 볼 때 이미 검토한 사항이다. 이처럼 김치는 이제 서서히 세계적인 주목을 받기 시작하고 있다.

어원이 침채沈菜라고 알려져 있는 김치의 효능에 대해 보기전에 사람들이 김치에 관해 많이 갖는 한 가지 오해에 대해서 살펴보자. 김치, 그중에서도 고추가 빨갛게 덮인 배추김치에 대해서 보자. 배추김치는 워낙 유명해 한국의 대표적인 전통 식품이 되다 보니 사람들은 부지불식간에 이 김치가 꽤 오래된 식품일 것이라고 생각하는 경향이 있다. 그래서 TV 사극 같은 데에서 조선의 임금 밥상에 배추김치가 나온다 해도 전혀 이상하게 생각하지 않는다. 그러나 엄밀히 말하면 조선의 임금 가운데 그의 밥상에 배추김치가 나올 수 있는 임금은 고종(그리고 순종)밖에 없다. 고종도 즉위 초기에는 배추김치를 맛볼 수 없었다. 왜냐하면 그때에도 아직 김치용 배추가 나오지 않았기 때문이다. 고종이 배추김치를 맛볼 수 있는 것은 재위 후기나 가서야 가능한 일이었다. 김치에 고추와 고춧가루가 쓰였다는 것을 알려주는 첫 번째 문헌은 『증보산림경제』라고 한다. 그러나 이 책에서 말하는 김치는 배추김치일 수 없다. 아직 배추가 들어오기 전이기 때문이다.

그리고 서유구의 『임원십육지』에도 매운 김치가 소개되어 있는데 재미있는 것은 김치에 젓갈을 넣었다고 적고 있는 것이다. 이른바 '젓갈김치'인데 이 김치에 대한 기록은 이것이 최초라고 한다. 사실 젓갈은 동물성인 관계로 부패하기 쉽다. 그러나 고추에 있는 비타민 E나 캡사이신이 젓갈 지방이 부패하는 것을 어느 정도 막을 수 있어 이런 일이 가능하게 되었을 것이다. 그 뒤에 김치에 젓갈 말고도 새우젓이나 멸치 등의 어류가 들어가게 되는데 그럼으로써 김치는 더 완성도 높은 식품이 된다.

어떻든 김치는 이렇게 계속 발전하여 19세기 말이나 20세기 초에 와서 지금 우리가 먹는 배추김치라는 새로운 김치가 탄생한다. 사람들은 지금 우리가 김치로 만들어 먹는 배추가 전통 식재료라 생각하기 쉽지만 이 배추는 중국에서 한반도로 들어온 지 100여 년밖에 안 되는 상대적으로 꽤 새로운 식품이다. 원래 한반도에 있던 배추는 이 배추들처럼 속이 꽉 차지 않았다고 한다. 지금 배추처럼 여러 겹으로 되어 있어 속이 꽉 찬 배추는 중국에서 수입된 것이다. 배추김치는 이 배추를 가지고 만들었으니 그 역사가 100여 년밖에 안 되는 최근의 음식이라는 것은 어쩔 수 없는 일이다.

그러면 이 김치는 왜 그렇게 높이 평가되는 걸까? 이 점에 대해서는 잘 알려진 면도 있고 그렇지 않은 면도 있다. 앞에서 발효음식에 대해서 볼 때 우리는 이 발효음식이 갖고 있는 많은 특장점에 대해 보았다. 그런데 김치는 전형적인 발효음식이기 때문에 발효음식이 갖는 장점을 다 갖고 있다. 여기서는 그것과 겹치지 않는 범위 내에서 김치의 장점을 보도록 하자.

김치의 장점을 말할 때 가장 먼저 언급되어야 하는 것은 저장성 문제이다. 김치는 대단히 뛰어난 채소 저장법이기 때문이다.

그런데 이 장점은 현대에 와서 새로운 기술이나 기계가 발명되면서 많이 희석되었다. 이게 무슨 말일까? 김치냉장고라는 새로운 기계로 말미암아 김치의 채소 냉장법이 조금 무색하게 되었다는 것이다. 그러나 김치는 김치냉장고가 발명되기 전까지는 가장 훌륭한 채소(배추) 저장법이었다. 즉, 김치는 배추와 같은 채소를 겨우내 신선한 상태로 저장하는 가장 훌륭한 방법이었다는 것이다.

우리 인간은 비타민 C를 섭취하기 위해 채소를 먹어야 하는데 문제는 겨울이다. 지금은 비닐'하우스' 재배로 겨울에도 채소를 얼마든지 재배할 수 있게 되었다. 따라서 우리는 채소를 아무 때나 먹을 수 있어 비타민 C를 취할 수 있다. 그러나 과거 전통 사회에서는 겨울에 채소를 먹는 일이 매우 어려웠다.[16] 이 때문에 많은 민족들은 채소 저장법을 나름대로 고안해냈다. 그런데 김치만큼 겨우내 채소를 싱싱하게 저장할 수 있는 저장법은 잘 보이지 않는다. 김치 덕분에 우리 민족은 겨울에도 비타민 C 같은 영양소들을 충분히 섭취할 수 있었다.

김치는 저장법만 대단한 게 아니다. 김치는 음식이니 그 안에 있는 내용물을 가지고 승부를 보아야 한다. 그런데 김치에 들어 있는 식품 중에는 특히 우리의 주목을 끄는 것이 있다. 마늘이 그것이다. 김치에는 마늘이 많이 들어간다. 이 마늘이라는 게 어떤 식품인가? 동물(곰)이 먹어 사람이 되었다는 신묘한 식품 아닌가? 신묘한 식품이라 그 효과도 아주 뛰어나다. 특히 마늘이 항암 효과나 노화방지 효과가 뛰어난 식품이라는 것은 이제는 상식처럼 되었다.

그런데 마늘의 문제는 냄새가 너무 강하다는 것이다. 이 때문에 세계의 많은 사람들이 마늘을 회피해왔다. 그러나 우리 한국인들은 김치에 마늘을 넣음으로써 이 신묘한 식품을 항상 먹고 있다. 그러니까 한국인들은 최고의 건강식품을 몸에 달고 살았던 것이다. 예측건대 아마 앞으로는 마늘을 먹자는 캠페인이 전 지구적으로 나올 것이고 입에서 마늘 냄새가 나는 것에 대해서도 개의치 않는 시대가 올 것이다. 이렇게 될 수 있는 것은 마늘이 거의 영약의 수준까지 격상되면서 극히 뛰어난 식품이라는 사실이 계속해서 더 확산될 것이기 때문이다.

김치의 효능은 그뿐만이 아니다. 발효 과정에서 생기는 유산균이 혈중의 콜레스테롤 수치를 떨어뜨려 성인병을 예방하는 효과도 있다. 이렇듯 김치의 효능은 다 나열하기가 힘들 정도로 많다.

더 재미있는 것은 김치는 조리하는 각 단계마다 모두 특징이 있고 맛있다는 것이다. 사실 김치를 담그기 전의 배추는 뻣뻣해서 사람이 먹기에 그다지 좋은 것은 아니다. 여기에 소금을 넣어

절이면 배추는 신선함은 유지하면서도 사람이 먹기 좋게 바뀐다. 물론 이때 소금을 적절하게 넣는 일이 결코 쉬운 것은 아니다. 소금을 너무 많이 넣으면 신선도가 떨어질 것이고 적게 넣으면 배추가 서걱서걱할 테니 적정량의 소금을 넣는 것은 그리 쉽지 않다.

이렇게 배추를 소금에 절여 하루를 묵히면 그사이에 벌써 발효가 시작된다. 김치의 고유한 맛을 내는 아미노산과 젖산이 생기기 시작하는 것이다. 배추의 재질도 많이 눅여져 우리가 먹기에도 편해진다. 이때 고추를 비롯한 양념을 넣는데 이 양념이라는 게 지방마다 집안마다 달라서 평균적으로 말하기가 힘들다. 대체로 10여 가지 정도가 들어간다고나 할까? 마늘, 파, 젓갈, 오징어 등등 좋은 재료가 들어가니 영양이 아주 풍부한 식품이 될 수밖에 없다. 이때의 상태를 '겉절이'라고 하는데 아직 확실하게 발효가 되지 않은 상태이지만 김치는 벌써 맛있다. 한국 사람이라면 이 겉절이 맛을 다 알 터이니 이에 대해서는 더 이상 말할 필요가 없을 것이다.

이때 넣은 양념은 소금 때문에 열려 있는 배추의 섬유질 구멍을 통해 배추 안으로 들어간다. 여기서부터 진짜 김치의 발효작용이 일어나게 된다. 여러 양념들이 배추와 만나 화학반응을 일으키게 되고 이때 유산균이 엄청나게 나온다. 이 유산균 때문에 김치의 독특한 맛이 나오는데 이것 역시 각 지방마다, 또 각 집 안마다 다르니 김치가 얼마나 스펙트럼이 넓은 음식인지를 알 수 있지 않을까?

이 유산균이 어떤 역할을 하는지는 앞에서 발효작용을 이야 기하면서 많이 보았다. 이 지면에서의 설명을 위해 다시 간추려 보면, 발효하는 동안 일반 병원균이나 부패균들은 천천히 없어 지고 대신 유산균들이 급격히 증가한다. 유산균은 소금에 강한 동시에 공기는 필요하지 않기 때문에 이런 일이 가능하다고 한 다. 유산균이 생기면서 젖산이나 초산, 탄산가스 등이 생겨나 김 치 특유의 상쾌하고 새콤한 맛이나 향이 나게 된다. 이 유산균이 장의 움직임을 활발하게 하고 장을 깨끗이 한다는 것은 앞에서 말한 대로이다. 이 중간 상태는 김치가 가장 맛있는 단계인데 이 상태는 꽤 오랫동안 지속될 수 있다.

그러나 이런 상태로 끝까지 갈 수는 없다. 김치는 숙성점을 지나면 탄산이 많이 배출되고 시어지기 때문이다. 이때 중요한 것은 이런 과정이 더디게 진행될 수 있도록 온도를 맞추는 일이 다. 상대적으로 낮은 온도[17]를 계속해서 유지하는 일이 중요한 데 이를 위해서 옛 사람들은 김칫독을 땅에 묻었다. 땅속 온도는 일정하니 이것이 가능한 것이다. 게다가 이전에는 김치를 담을 때 살아 숨 쉬는 그릇이라는 옹기를 많이 썼다. 옹기는 안에 들어 있는 내용물을 바깥과 완전히 차단하는 것이 아니라 어느 정도 소통할 수 있게 해주어 내용물의 신선도를 높여준다. 과거에는 이렇게 진행되었지만 최근에는 김치냉장고가 나와 위의 문제들을 쉽게 해결했다. 일반 냉장고보다 더 낮은 온도를 유지할 수 있게 만든 김치냉장고가 나오자 김치 저장 문제는 거의 사라진 것이다.

아무리 저장을 잘한다고 해도 시간이 지나면 김치는 변할 수밖에 없다. 몇 달이 지나면 김치는 서서히 시어져 이전과는 확연하게 다른 맛을 낸다. 그러나 김치는 시어져도 찌개를 만들어 먹으면 전혀 문제가 없다. 아니, 문제가 없는 게 아니라 오히려 맛있다. 김치찌개는 신 김치로 하는 게 제격이기 때문이다.

그런가 하면 6개월 이상씩 저온으로 숙성해 먹는 '묵은지(묵은 김치)'도 있다. 묵은지도 나름대로 맛있는 음식이지만 묵은지나 신 김치는 너무 오랫동안 저장한 상태로 있었기 때문에 유산균이 거의 사라진다는 것도 잊어서는 안 되겠다. 어떻든 이처럼 김치는 단순한 음식이 아니라 한국인의 삶 그 자체라고 할 수 있을 정도로 한국인들에게는 의미가 많은 식품이다. 그래서 그런지 김치의 종류도 보통 생각하는 것보다 엄청나게 많다. 나박김치, 총각김치, 고들빼기, 갓김치, 숙깍두기 등등 무려 200종이 훨씬 넘는다. 한국인일지라도 이 다양한 김치를 다 먹어보기는 커녕 구경도 못한 것이 많을 것이다. 김치는 우리 한국인에게 이렇게 큰 의미가 있는 음식이라 2013년 말 유네스코 인류무형유산에 '김장문화'라는 명목으로 등재되었다.

김치가 훌륭한 식품이다 보니 김치를 이용한 새로운 음식의 개발도 끊이지 않고 있다. 우선 김치라면을 빼놓을 수 없다. 그런가 하면 김치볶음밥도 인기고 김치파전도 맛있다. 그러다 기어코 김치햄버거까지 나왔다. 이런 김치 응용요리들 가운데 앞으로 어떤 음식이 더 나올지 퍽 궁금하다. 하기야 김치 응용요리 페스티벌까지 나오는 세상이니 김치의 인기를 알 만하겠다. 그리고 김치는 요리로서는 드물게 김치타운까지 만들어졌다. 2010년에 개관한 '광주김치타운'이 그것으로 그 안에는 넓은 대지에 김치박물관이나 김치체험장 등이 들어서 있는데, 이 타운은 복합 테마파크의 개념으로 설립된 것으로 보인다. 김치박물관은 이곳에만 있는 게 아니다. 1986년에 풀무원이라는 음식회사가 김치박물관을 만들었고 2002년에는 한경이라는 회사가 또 김치박물관을 세웠다. 그러니까 김치박물관만 3개가 되는 셈이다. 특정 식품 하나를 가지고 이렇게 규모가 큰 기관들이 많이 생기는 것은 김치가 유일하지 않을까 한다. 이렇듯 한국인들은 김치를 좋아하고 자랑스럽게 생각한다.

# 일제기와 서양 음식의 도입

한국음식사에서 그다음으로 중요한 사건이면서 아마도 현대 한국인에게 가장 영향력을 많이 끼친 사건은 말할 것도 없이 한국 음식과 서양 음식의 만남일 것이다. 왜냐하면 지금 우리가 전통적인 한식이라고 생각하는 것들이 많은 경우 서양의 음식문화와 만나면서 생겨난 것이기 때문이다. 이때 말하는 음식문화라는 것은 단지 식자재뿐만 아니라 요리 도구들도 포함된다. 음식은 같은 재료를 쓰더라도 어떤 도구를 사용하느냐에 따라 그 결과가 얼마든지 달라질 수 있다. 일제기부터 새로운 요리 도구들이 한국으로 유입되어 이용되면서 한식에 많은 변화가 생기게 된다.

이런 예는 너무 많아 어떤 것을 들지 주저될 정도인데 앞에서도 잠깐 거론했지만 삼겹살이 비근한 예라 할 수 있지 않을까. 삼겹살이라는 음식이 가능할 수 있었던 것은 말할 것도 없이 불판 혹은 프라이팬frypan이 생겨났기 때문이다. 돼지고기를 프라이팬(후라이판)에 구운 것이 삼겹살이니 말이다. 그런데 이 프라이팬이라는 요리 도구는 극히 최근에 수입된 것이다. 이런 불판이 한국에 유입된 다음에 삼겹살이니 불고기니 하는 것들이 가능해진 것이다. 전통적인 요리 도구에는 불판이라는 것이 거의 존재하지 않았다. 전을 부칠 때나 설야멱雪夜覓 같은 고기 요리를 만들 때에 번철燔鐵 같은 요리 도구를 쓰는 것을 제외하고 식품을 구워 먹는 일이 별로 없었다(하기야 먹을 고기도 없었지만). 게다가 이 삼겹살 부위는 돼지의 배 부분으로 이전에는 잘 먹지 않는 부분이었다. 여러 가지 이유로 돼지의 이 부위를 먹게 된 것은 1970년대 무렵 이후가 되는데 이 삼겹살은 나름대로 중요한 음식이기 때문에 나중에 별도의 항목으로 다룰 예정이다.

이렇게 해서 수많은 현대의 한식들이 생겨나는데 이에 대한 자세한 내용은 나중에 자세하게 볼 것이다. 그전에 우리가 반드시 검토해야 할 것은 일제기에 유입된 음식문화이다. 한국인들이 최초로 서양을 체험한 것은 일제기에 일본을 통해서였다는 것은 잘 알려진 사실이다. 물론 한말에도 부분적으로 서양을 체험했지만 우리나라의 문화 형성에 영향을 줄 정도는 아니었기에 여기서는 다루지 않는다. 음식문화도 예외일 수 없어서 많은 서구 음식이 일본이라는 렌즈에 굴절되어 한반도로 들어왔다. 서구뿐만 아니라 중국에서 들어온 음식도 일본을 통해 들어오는 경우가 있었다. 따라서 일제기에 어떤 음식이 어떻게 들어와 현재 우리나라 식단을 차지하고 있는지에 대해 보는 것은 큰 의미가 있다고 하겠다.

# 우리가 많이 먹었던 양식이 사실은 일본식 음식이라고?

우리 음식에 남아 있는 일본 문화의 영향에 대해

지금 우리가 먹고 있는 음식 가운데 일제시대 문화의 영향을 받은 것은 무엇일까? 언뜻 떠오르는 것만 보아도 생선회[18]라든가 우동, 생과자, 찹쌀떡(모찌), 어묵(오뎅) 등을 들 수 있는데 이런 것들 말고 재미있는 것은 일본화된 서양 음식의 유입이다. 특히 일본식으로 바뀐 고기 요리와 빵의 유입은 우리의 주목을 요한다. 이 음식들은 우리들이 아직도 즐겨 먹기 때문이다.

앞에서도 거론했지만 일본인들도 우리처럼 고기를 먹지 않았다. 역사적으로 보면 7세기에 천무天武 천황이 돈독한 불교 신자였던 관계로 그 이후 일본은 약 1,200년간 육식이 금지되어 있었다고 한다. 그러다 메이지明治 시대를 맞이해 서양 문화가 대거 유입되자 일본인들은 서양의 육식 문화를 접하지 않을 수 없었다. 그런 상황에서 당시의 정치인들은 일본이 근대국가로 발전하기 위해서는 국민이 건강하고 체력적으로 단련되어야 한다고 생각해 육식을 권장하기에 이르렀다. 이를 위해 천황이 스스로 육식을 하고 우유를 먹으면서 이런 서양의 음식문화를 널리 권장했다고 한다.

### 돈가스(돈카츠)의 탄생

지구상에 있는 어느 민족에게도 1,000년 이상 먹지 않던 음식을 새롭게 먹는 것은 쉬운 일이 아닐 것이다. 이것은 일본인들에게도 예외가 아니었다. 특히 이전에는 거의 먹지 않던 고기 요리가 일본의 식문화에 유입되었을 때 고기를 그냥 구워서 먹는 것은 당시 일본인들에게는 무리였을 것이다. 따라서 그들은 이 음식을 일본화해서 먹을 수밖에 없었을 텐데 이때 나온 음식 중의 하나가 바로 돈가스이다. 이 돈가스는 서양 음식인 포크커틀릿pork cutlet에서 비롯된 음식으로 전해지는데 일본인들이 보다 용이하게 육식에 접근하기 위해 만든 게 이 음식이다.

여기서 이 음식 만드는 법을 세세하게 살필 필요는 없다. 단지 그 큰 특징만 본다면, 돈가스는 돼지고기를 썰어 (칼등 같은 것으로) 자근자근 두드린 다음 빵가루와 밀가루를 입혀 기름에 튀긴 음식이다. 또 젓가락으로도 먹을 수 있게 미리 잘려 나온다. 양식에서 가장 대표적인 도구인 칼이나 포크를 쓰는 데에 익숙하지 않았던 일본인들이 생각해낸 방법임 직하다. 일본인들이 이 음식을 새롭게 만들면서 양식의 상징이라고 할 수 있는 칼이나 포크를 버린 것은 그들의 문화적 주체성이 엿보이는 면이라고 할 수 있겠다.

고기를 이렇게 조리했던 것은 고기 먹는 것에 익숙하지 않은 일본인들이 자신들이 먹기 쉽게 하려고 고안한 방법이었을 것이다. 돈가스라는 이름은 잘 알려진 것과 같이 돼지 '돈豚' 자에 '커틀릿cutlet'의 일본식 발음인 '가쓰레쓰'를 줄여 만든 '가스'를 붙여 나온 것이다. 우리는 이것을 돈가스라고 하지만[19] 정작 일본에서는 '돈카츠'라 부르고 있는 데에 유의해야 할 것이다.

돈가스처럼 어색한 일본어로 음식 이름을 붙인 경우는 더 있다. 돈가스와 더불어 일본에서 유입되었을 것으로 추정되는 음식에는 '함박스테끼'와 '비후가스' 같은 것들이 있다. 이 이름들도 재미있기는 마찬가지다. 함박(함바그)스테끼가 '햄버그스테이크Hamburg steak'의 일본식 발음이라는 것은 쉽게 알 수 있다. 아울러 비후가스의 '비후'는 '비프beef'의 일본식 발음일 테고 '가스'는 돈가스의 그 가스이다. 내가 대학에 다니던 1970년대에는 이런 용어가 아주 흔하게 통용되었다. 그때에는 이런 이름들이 이렇게 생겨났는지 몰랐기 때문에 음식에 왜 '가스gas'라는 어울리지 않는 단어가 들어가 있는지 퍽 궁금해 했던 기억이 난다.

더 재미있는 것은 이런 음식, 그중에서도 특히 돈가스가 현재 우리나라의 분식센터나 기사식당에서 팔리고 있다는 사실이다. 돈가스가 아주 서민적인 음식이 된 것이다. 그런데 돈가스가 우리나라에 처음 소개되었을 때는 그렇지 않았다. 당시 돈가스는 한국인에게 서구 문화의 상징으로 비춰져 한국인들이 동경하는 음식이었다. 물론 이 돈가스의 원조인 커틀릿은 서양에서 그렇게 귀한 음식은 아니었다. 그러나 한국에 들어온 돈가스는 상황이 달랐다. 한국에서는 서양의 음식문화를 접할 수 있는 '경light' 양식집에서 수프를 먹고 포크와 나이프를 들고 피아노 소품 연주를 들으며 우아하게 먹었던 음식이 바로 이것이었다.

일본에서는 앞에서 말한 것처럼 고기를 미리 썰어 내어 젓가락으로 먹을 수 있게 했는데 우리는 그 식습관은 따르지 않았다. 왜 그랬을까? 그 이유는 추측할 수밖에 없는데 아마도 한국인들이 한껏 서양 흉내를 내고 싶어 그랬던 것 아닐까 하는 생각이다. 서양 흉내를 내고 싶었지만 어떻게 해야 하는지 잘 몰라 일본식과 서양식을 임의로 마구 섞은 것 아닐까?

어떻게 보면 우리의 돈가스와 일본의 돈카츠는 조금 다른 음식이라 할 수 있다. 왜냐하면 일본 것은 돼지고기가 두툼하고 요리가 다 된 다음에 잘려 나오는 반면, 우리 것은 고기가 얇고 잘

리지 않은 채로 나오기 때문이다. 그리고 크기도 우리 것이 더크다. 그렇게 먹다가 한국에서는 급기야 이 돈가스가 기사식당이나 분식센터에서 주로 팔리게 되는데 이것은 이 식품이 아주서민화되었다는 것을 뜻한다. 돈가스는 왜 이런 변화를 겪게 되었을까?

한국인들도 정통 서양식 고기 요리인 스테이크 같은 것을 온전하게 받아들이는 데에 시간이 꽤 걸렸을 것이다. 그러나 이런서양 요리에 익숙해지자 한국인들은 더 이상 돈가스 같은 '짝퉁'서양 요리를 먹으려고 하지 않았을 것이다. 처음에는 돈가스가진짜 서양 음식인 줄 알고 먹었지만 다양한 정통 양식에 노출되면서 한국인들은 돈가스의 정체를 알아버린 것이다. 그러나 이돈가스가 맛은 괜찮은지라 한국인들은 이 음식을 버리지는 않았다. '함박스테이크'나 '비후가스'는 거의 버린 반면 돈가스에익숙해진 한국인들이 돈가스는 버리지 않은 것이다. 대신 자꾸향유하는 계층이 밑으로 내려가 우리 사회에서 돈이 상대적으로 적은 학생이나 운전기사 등이 좋아하는 음식이 된 것이다. 부유층은 돈을 많이 지불하더라도 진짜 양식을 먹고 싶어 하지 생기다 만 것 같은 엉성한 양식인 돈가스를 찾지 않았을 것이다.

그런데 더 재미있는 것은 기사식당에서 '왕돈가스'라는 또 다른 변종의 돈가스가 나온 것이다. 보통 돈가스보다 크기가 약 두

배는 될 것 같은 큰 돈가스가 나온 것이다. 물론 두께는 아주 얇다. 돈가스가 왜 이렇게 크게 되었는지 그 이유는 잘 모른다. 다만 기사들은 상대적으로 일을 많이 해야 하기 때문에 더 많은 음식이 필요해 그들이 먹는 돈가스도 커지지 않았나 하는 추측을 해본다. 만일 돈카츠를 먹던 일본인이 우리나라의 왕돈가스를 보면 꽤나 놀랄 것이다. 앙증스런 그들의 돈카츠와는 너무도 다른 모습에 놀랄 것 같다는 것이다. 그러나 음식문화란 그 지역 사람들의 습성에 맞게 변화되어가는 것이니 돈카츠든 왕돈가스든 문제될 것은 없다.

## 그 많은 빵들이 일본에서 수입된 것이라고?

이런 고기 음식과 더불어 매우 신기하게 보이는 일본화된 서구 음식이 이때 또 한국에 들어온다. 지금은 이런 음식을 주위에서 많이 먹기 때문에 신기하지 않지만 가만히 생각해보면 아주 희한한 음식이라는 것을 알 수 있다. 이것은 어떤 음식을 말하는 것일까? 빵이 그 주인공이다. 우리가 지금은 정통적인 서양 빵을 많이 먹지만 1960~1970년대만 해도 우리가 가장 즐겨 먹던 빵은 곰보빵(일명 소보로빵)이나 단팥빵(일명 앙꼬빵), 그리고 저질 크림이 들어 있는 크림빵 같은 것들이었다. 당시에 이 빵들을 먹을 때에 우리는 이것들이 철석같이 서양 빵이라고 생각했다.

이 빵들이 모두 일본에서 만들어졌다는 것을 알게 되는 데에는 꽤 오랜 시간이 걸렸다. 왜냐하면 한국인들이 제대로 된 서양 빵을 접하게 되는 시점이 꽤 늦었기 때문이다.

거개의 한국인들은 식민지 시대에 일본이 그들 식대로 변형한 서양 문화를 받아들이면서 그것이 정통적인 서양 문화인 줄 알고 있었다. 빵도 예외는 아니었다. 서양 빵에 대한 정보가 없던 우리는 일본인들이 갖고 들어온 빵을 서양 빵이라고 믿을 수밖에 없었을 것이다. 그래서 미국에 갔을 때 그곳 빵집에서 위에서 본 빵들을 찾았지만 결국 찾지 못했던 기억이 새롭다.[20]

그런데 가만히 이 빵들을 보면 이상한 점을 발견할 수 있다. 예를 들어 팥을 삶아 으깨고 그것을 달게 해서 빵 속에 넣어 만든 단팥빵은 전형적인 일본식 발상에서 나온 빵이다. 서양 음식에서 팥이 차지하는 위치는 지극히 미미해 서구인들은 빵에 '단' 팥을 넣어 먹을 생각을 하지 않았을 것이다. 그러나 일본에서는 달랐다. 일본인들은 '단' 팥을 '당고'(한국 음식 가운데에는 경단 정도에 해당)[21] 같은 일본 떡에 발라 먹는 등 매우 생활화된 음식이 바로 이 단팥이다.

이 사정을 더 살갑게 느끼려면 다른 음식 볼 것 없이 팥빙수를 보면 된다. 우리가 아주 많이 즐기고 있는 팥빙수는 일본인들의 발명품이다. 이것이 우리나라에 들어와 한국인들의 입맛에 맞게 변형된 것이 오늘날 우리가 먹는 팥빙수다. 아예 그 이름에 팥이 들어가 있을 정도로 이 음식에서는 팥이 중요한 역할을 차지한다. 이런 음식을 통해 우리는 일본인들이 얼마나 '단' 팥을 좋아했는지 알 수 있다. 이렇게 단팥을 좋아했기 때문에 서양에서 빵이 들어오자 여기에 단팥을 넣어 새로운 빵을 만든 것이다.

원래 새로운 것이 들어오면 적응하기가 힘든 법이다. 그래서 문화를 수용하는 당사자들은 자기들의 처지에 맞게 변형하는 일이 다반사로 일어난다. 음식은 몸에 관계된 것이라 더더욱 그 식습관을 바꾸기가 힘들다. 따라서 절충이 반드시 필요한 법인데 이 빵의 경우에도 일본인들은 자신들의 식습관과 절충해 새로운 음식을 만든 것이다. 즉, 빵이라는 서양의 밀가루 음식은 받아들였으되 속은 자신들이 좋아하는 음식을 넣어 자신들이 먹기 좋게 만든 것이다. 이런 배합은 절묘해 서양 문화를 자기 식대로 변형하는 데 익숙한 일본인다운 선택으로 여겨진다.

이런 예는 하도 많아 다 들 수 없을 지경이다. 앞에서 거론한 곰보빵이 그렇고 크림빵[22]이 그렇다. 이 가운데 곰보빵은 아직도 소보로(혹은 소보루)빵이라는 일본 이름으로 불린다. 그런데 이 빵은 우리나라에서는 아직도 인기 있지만 정작 일본에서는 그리 인기가 없다고 한다. 이런 빵을 나열하자면 끝이 없겠다.

이때 빵과 함께 일본식 과자류들도 들어왔는데 그중에는 지금까지도 한국인들이 즐겨 먹는 것이 있다. 모나카나 센베이 같은 과자가 그것이다. 센베이 같은 과자는 원래 꽤 고급 과자였다고 알려져 있는데 지금 한국에서 이 과자의 신세는 전혀 그렇지 못하다. 추억의 과자라고 해서 재래시장이나 길거리 트럭에서 팔고 있으니 말이다. 이 과자도 돈가스와 같은 신세가 된 모양이다. 이전에는 고급이었지만 서양에서 진짜 고급 과자가 들어오고 우리도 그런 과자를 만들 수 있게 되자 이 과자는 여지없이 변두리로 밀려난 것이다. 그러나 그 과자와 얽힌 추억이 있고 맛도 나쁘지 않아 이 과자를 완전히 버리지는 않은 것이다. 그런데 이런 빵이나 과자 말고도 또 일본식으로 변형된 음식이 유입되는데 이번 주인공은 밥이다. 아니, 밥은 밥일 뿐이지 일본식으로 변형되었다는 게 무슨 소리인가? 이제 그 사정을 보자.

## 라이스rice와 밥은 다른 것인가?

지금도 분식집 같은 곳을 가면 오므라이스니 카레라이스니 하는 '이상한' 밥 요리를 파는 것을 알 수 있다. 이 음식들 역시 1970년대 정도까지는 이른바 경양식집이라는 데에서 돈가스나 함박스테이크 등과 같이 팔던 것이었다. 그래서 돈가스나 함박스테이크처럼 엄연한 양식으로 분류되었고 꽤 고급 음식으로 여겨졌다. 이런 라이스 계통의 음식을 먹을 때 재미있었던 것은 밥을 먹는 데에도 수프가 나왔다는 것이다. 당시 한국인들은 이른바 양식이라는 음식을 먹으려면 반드시 수프를 먹어야 된다고 생각한 모양이다. 그래야 한 코스가 완성된다고 생각한 것이리라.

돈가스나 함박스테이크 같은 '경양식'을 먹을 때 이상하거나 재미있는 일은 이것만이 아니다. 주문을 받을 때 웨이터는 손님에게 반드시 빵과 '라이스' 중에 하나를 택하라고 제시한다. 그때에는 이 일을 별로 이상하게 생각하지 않았는데 양식의 실체를 알게 된 지금 보면 이런 식습관은 매우 이상한 것이다. 왜냐하면 양식을 먹는데 뜬금없이 밥을 먹기 때문이다. 물론 이것을 이해 못할 바는 아니다. 한참 앞에서 본 것처럼 한국인은 밥을 먹지 않으면 식사가 성립하지 않는다고 생각했으니 말이다.

그것까지는 이해한다 하더라도 진짜로 기괴한 일은 이때 나오는 라이스라는 것이 우리가 평상시에 먹는 것처럼 공기에 담겨 나오는 게 아니라 접시에 얇게 깔려 나온다는 것이다. 이것은 정말로 이해하기 힘든 현상이다. 밥의 온도를 중시해서 찬밥은 잘 안 먹는 민족이 어쩌다 이런 식으로 찬밥을 접시에 펴서 먹게 되었는지 이해할 수가 없다. 그리고 그것을 밥이 아니라 라이스라고 부르는 것도 이상하지 않은가? 게다가 이 밥이 나올 때에는 반찬으로 이른바 '다꾸앙(단무지)'이 빠지는 적이 없다. 양식에 일본 음식이 등장하는 것이다. 이렇게 보면 이 식탁은 다국적임을 알 수 있다. 그러나 이상한 조합이다. 그래서 그런지 이 음식 가운데 돈가스 빼고 대부분의 짝퉁 양식은 사라졌다.

그런데 신기한 것은 당시에 우리가 경양식집에서 '있는 폼 없는 폼' 다 잡고 양식이라는 것을 먹으면서 양식집에서 왜 쌀밥 요리가 나오는지 궁금해 하지 않았다는 것이다. 그렇지 않은가? 양식집에서 왜 카레라이스니 오므라이스니 하는 쌀밥을 파는가? 서양 사람들이 언제 쌀밥을 먹었다고 쌀밥을 버젓이 양식이라고 해서 팔고 있는 것일까? 나중에 알고 보니 이런 일이 생긴 것은 모두 일본의 식습관을 받아들인 때문인데 당시에는 나나 다른 사람들이 이런 음식들이 이상하다는 생각을 별로 하지 않았다.

더 기괴한 것은 오므라이스를 요리하는 방식이다. 사실 오므라이스라는 이름 자체도 이상하다. 잘 알려진 것처럼 오므라이스는 오믈렛omelet과 라이스rice를 조합한 용어로 일본에서나 가능한 작명법 덕분에 만들어진 단어이다. 이 용어를 통해 보면 이 음식은 밥을 오믈렛으로 싸서 먹는 것임을 알 수 있다. 그러니까 오믈렛인 서양 요리와 동양 음식인 밥을 한데 섞은 것이다. 서양 요리를 있는 그대로 받아들이기는 힘드니까 자신들이 줄곧 먹어왔던 밥과 융합해 새로운 요리를 만들어낸 것이다. 그런데 그

밥을 요리하는 방식이 또 기괴하다. 채소와 고기를 잘게 썰어 밥과 같이 볶는 것은 이해할 만한데 여기에 케첩을 넣는 것은 실로 매우 이상한 발상이 아닐 수 없다. 어떻게 밥에 케첩을 넣을 생각을 했을까? 이것은 서양의 케첩이 일본에 소개되자 이런 식으로 응용한 것일 것이다. 이렇게 해서 일본식의 퓨전 음식이 탄생한 것이다. 그런데 이게 사람들의 입맛에 맞아 서서히 일본 음식으로 자리 잡게 된 것이리라.

사정은 카레라이스도 비슷하다. 이 음식도 이제는 분식센터 같은 데서나 팔지 정통 양식을 지향하는 식당에서는 취급하지 않는다. 이것도 오므라이스처럼 근대 일본에서 만들어진 아주 최근 음식인지라 양식과는 아무 관계가 없는 음식이다. 이 음식의 기원은 메이지 연간에 영국 해군이 먹던 카레 스튜stew(일종의 국) 요리를 가져와 밥에 뿌려 먹은 데에서 비롯되었다고 한다. 이것 역시 인도에 연원을 둔 서양 요리와 자기네들의 음식 전통인 밥을 혼용한 것이다. 그런데 중요한 것은 이런 일본의 퓨전 음식들을 이전의 한국인들은 정통 양식인 줄로 알고 먹었다는 것이다. 그러다 진짜 양식을 대하면서 한국인들은 이런 음식들을 계속해서 뒷전으로 밀어내 이제는 가장 서민적인 음식이 되었다는 것은 앞에서 말한 대로이다.

## 짬뽕이 한국과 일본, 그리고 중국이 만든 합작품이라고?

앞에서 서양식 퓨전 음식을 주로 보았다면 이번에는 중국식 퓨전 음식이다. 우리가 중국 음식이라고 굳게 믿고 먹었던 음식 가운데 사실은 일본에서 근자에 개발된 음식들이 있다. 물론 일본의 독창적인 개발이 아니라 중국 것을 가져다 변형시킨 것을 말한다. 이 가운데 대표적인 것은 짬뽕이다. 나도 한국 음식을 공부하기 전까지는 짬뽕이 중국 음식이라는 것에 대해 전혀 의심을 갖지 않았다. 그러나 매우 유력한 설에 따르면 우리가 현재 먹는 짬뽕은 중국의 음식에서 유래한 것이긴 하지만 일본에서 재창조된 음식[23]이라는 것이다.

가장 믿을 만한 정보에 의하면 짬뽕은 중국의 푸젠<sup>福建</sup> 지방에서 일본의 나가사키로 이주한 중국인 요리사 천평순<sup>陳平順</sup>에 의해 만들어졌다고 한다. 이 사람이 나가사키에 중국음식점을 열었는데 여기에서 가난한 중국 유학생들을 위해 만든 것이 이 국수 음식이라는 것이다. 그런데 이렇게 해서 만들어진 새 국수 음식은 푸젠 성에서 먹던 원래 국수와 조금 달라진다. 유학생들이 가난해 고기류를 잘 사 먹지 못하는 것을 안타깝게 생각한 요리사는 이 국수에 나가사키 근방에서 많이 잡히는 어류를 넣은 것이다. 원래 푸젠 성 국수는 돼지고기 같은 고기로 육수를 만들었는데 나가사키산 국수는 해물로 국물을 우려내게 된 것이다. 지금 우리가 자주 먹는 짬뽕에 해물이 많이 들어간 것도 이와 무관하지 않을 것으로 생각된다.

그런데 어떤 경로가 되었는지는 확실히 모르지만 이 짬뽕이 우리나라로 흘러 들어왔다. 처음에는 당연히 전혀 맵지 않았을 것이다. 전하는 바에 따르면 1970년대까지만 해도 짬뽕의 국물은 지금처럼 빨갛거나 맵지 않았다고 한다. 그러나 매운 것을 워낙 좋아하는 한국인들은 짬뽕에 고춧가루나 고추기름을 넣어 맵게 만들기 시작한다. 이것을 충분히 이해할 수 있는 것이 라면이 들어왔을 때에도 똑같은 일이 발생했기 때문이다. 신라면이 그 주인공이라는 것은 말할 필요도 없다. 어떻든 이 때문에 이 짬뽕이라는 음식은 아주 재미있는 면을 갖고 있다. 비록 한 그릇의 국수에 불과하지만 이렇게 동북아 3국이 같이 만들어낸 음식이기 때문이다.

더 재미있는 것은 중국음식점의 식탁 위 모습이다. 한국의 일반적인 중국집에 가면 많은 경우 그 탁자에 고춧가루가 있는 것을 알 수 있다. 이 고춧가루는 주로 짜장면을 먹을 때 넣는다. 우리 한국인들은 워낙 오랫동안 이렇게 먹었기 때문에 이상한 점을 느끼지 못하지만 사실 이 식습관은 굉장히 웃기는 것이다. 짜장면에까지 고춧가루를 넣으니 말이다. 중국의 식당에서는 발견할 수 없는 진풍경이다. 워낙 한국인들이 고추를 좋아하니까 이런 일이 벌어진 것이다.

그런가 하면 중국집에서 국수를 먹을 때면 단무지(다꾸앙)와 양파, 그리고 춘장이 반드시 나온다. 이것 역시 진짜 중국 식당에서는 결코 발견할 수 없는 반찬들이다. 우리나라 중국집 식탁에만 나오는 음식들이다. 이 가운데 단무지는 말할 것도 없이 일본에 기원을 둔 음식이다. 왜 이 일본 식품이 중국음식점 식탁에 오르게 되었을까? 일설에는 일제기에 우리나라에 온 일본인들이 중국음식점에서 외식을 할 때 그들의 입맛에 맞는 반찬을 내놓은 게 계기가 되어 그렇게 되었다고 하는데 정확한 것은 모르겠다. 그러나 사정이 어찌 되었든 일본과 관계된 음식이 한국의 중국음식점에 소개된 것은 분명한 일일 것이다.

여기까지만 봐도 짬뽕은 한·중·일이 모두 관여해 만든 음식이라는 것을 알 수 있는데 그 식탁 위에는 서양에서 유래했을 것으로 추측되는 양파까지 나온다. 단순하게 보이고 그다지 세련되게 보이지 않는 우리나라의 일반적인 중국집 상차림이 이렇게 다국적 음식으로 구성되어 있다는 것이 신기하지 않은가? 그런데 이 중국집 상차림이 다국적으로 되는 데에는 또 한 가지 요소가 더 있다는 것을 놓쳐서는 안 된다. 춘장이 그것이다. 춘장이 중국 계통의 장이라는 것은 누구나 다 아는 사실이다. 그런데 우리가 늘 먹는 춘장은 중국의 춘장과 또 다르다. 중국에 가서 중국식 춘장을 먹어본 사람이면 다 알겠지만 한국인에게 그 중국식 춘장은 좀 쓰다. 그래서 중국에서 그 춘장을 국수에 얹어 비벼 먹는 자장미엔炸醬麵을 먹어본 사람은 실망하기 일쑤다. 우리의 달콤한 짜장면을 생각하고 먹었는데 맛이 텁텁하고 한국인의 입맛에는 너무 짜기 때문이다.

이런 춘장을 가지고 와서 인천에서 국수집을 하던 화교들은 이내 이 춘장이 한국인들에게는 어울리지 않는다는 것을 알아차린 모양이다. 그래서 여기다 스테비오사이드stevioside 같은 단맛이 나는 물질을 넣어 달게 만들었다. 그리고 여기에 캐러멜caramel 색소를 더 넣었다. 춘장은 오래 묵힐수록 색이 진해지기 때문에 그 효과를 내기 위해 이 색소를 넣었다고 한다. 항간에는 이 캐러멜 색소에 발암물질이 있어 몸에 유해하다는 논란이 있는데, 어쨌든 이 색소는 서양에서 들어온 것이다. 사정이 이러하다 보면 우리의 중국집 식탁에는 한·중·일의 식품은 물론이고 서양의 식재료까지 들어온 것이 된다. 그야말로 국제적인 식탁이라 하겠다.

짬뽕에 대한 이야기는 아직 끝난 것이 아니다. 최근에 또 다른 양상이 전개되었기 때문이다. 앞에서 말한 식으로 만들어진 짬뽕과 여기에 수반하는 반찬들을 먹다가 한국인들은 원조 짬뽕이 궁금했던 모양이다. 그런 소원에 부응하려는지 곧 원조라고 생각되는 나가사키 짬뽕이 국내의 일본식 음식점에 나타나기 시작했다. 이것은 아마도 한국인들의 미각이 다양화되어서 한국화된 짬뽕만 먹을 게 아니라 이왕이면 원조의 국수를 먹자는 의향이 반영되어 나타난 현상 같다. 그러다 급기야는 라면의 형태로 나와 꽤 인기를 끌게 되었으니[24] 한국인과 이 나가사키 짬뽕과는 인연이 깊다고 하겠다.

지금까지 일본 음식이 한국의 음식문화에 끼친 영향에 대해 잠시 보았는데 실제의 영향은 이보다 더 클 것이다. 특히 요리 도구 면에서 그럴 것으로 생각된다. 음식은 어떤 식재료를 쓰느냐에 따라 많이 달라지겠지만 그와 더불어 어떤 도구를 가지고 어떻게 요리하느냐에 따라서도 얼마든지 달라질 수 있다. 그런 면에서 한국의 음식문화는 일제기에 또 다른 변혁을 겪는다. 사실 영향의 강도로 말하자면 해방 이후나 한국전쟁 이후에 벌어지는 본격적인 서양 음식의 도입이 훨씬 더 강한 충격을 주었다고 할 수 있다. 그럴 수밖에 없는 것이 일본의 영향은 해가 갈수록 줄어드는 반면 서양 음식의 영향은 지금까지 근 70년을 이어왔으니 말이다. 그래서 현대의 입장에서 보면 당연히 서구의 영향이 가장 클 수밖에 없다. 그럼에도 불구하고 일제기에 일본을 통해 들어온 요리 도구들은 한국의 음식문화를 송두리째 바꿔어버린다는 사실을 잊어서는 안 된다.

# 음식문화의 형성에는 요리 도구의
# 영향이 절대적이라고?

## 프라이팬과 가스레인지의 유입을 중심으로

지금까지 우리는 새로운 음식의 출현을 중심으로 긴 역사 동안 한국 음식에 어떤 변화가 있었는지에 대해서 보았다. 앞에서 말한 것처럼 새로운 조리법의 소개는 음식문화의 변화에 큰 영향을 준다. 그런데 한국 음식에 관한 책 가운데 나름[25]의 전문서인 김찬별의 『한국음식, 그 맛있는 탄생』을 보면, 최근에 한국 음식이 격변하는 데 가장 많은 영향을 준 요인으로 프라이팬과 가스레인지의 유입을 들고 있다. 이 주제에 대해서는 앞에서 간간이 보았는데 실로 이 두 가지 요리 도구는 한식을 송두리째 바꾸었다고 해도 무리가 아닐 정도로 그 파급 효과가 컸다. 아니, 이 두 도구를 생각하지 않고서는 지금의 한식을 생각할 수조차 없을 지경이 되었다.

한번 생각해보자. 우리가 지금 전통 한식으로 철석같이 믿고 맛있게 먹고 있는 음식 가운데 이 두 도구와 관계되는 것이 얼마나 많은지 생각해보자는 것이다. 앞에서 이미 본 음식 가운데 불고기나 갈비, 삼겹살 등은 전적으로 프라이팬(불판)이 있는 다음에야 가능한 음식이다. 그런데 이 음식들은 그저 하나의 한국 음식이 아니라 한국을 대표하는 음식 아닌가? 특히 불고기, 갈비는 외국인들이 좋아하는 한국 음식 가운데 항상 수위를 차지하는 음식이다. 그런 음식의 출현이 프라이팬이 나온 다음에야 가능하게 되었으니 그 역사가 얼마나 짧은 것인가?

프라이팬은 언제 한국에 소개되었을까? 앞에서 인용한 김찬별은 1900년대 초에 중국 화교나 서양인에 의해 소개되었을 것이라고 추측한다. 그 후 1930년대에는 어느 정도 보급되었다고 한다. 만일 그렇다면 일본에서 기원했을 가능성도 배제할 수 없다. 왜냐하면 돈가스 같은 일본 음식을 만들 때 프라이팬에서 기름으로 튀겼을 것이기 때문이다. 일본의 튀김 음식이 우리나라에 소개되면서 자연스럽게 프라이팬 역시 유입된 것은 아닐까? 물론 불고기나 갈비 같은 음식들은 튀기는 음식이 아니라 굽는 음식이다. 그러나 프라이팬을 썼다는 면에서는 공통점이 있다. 프라이팬 하나를 놓고 음식을 굽기도 하고 기름에 튀기기도 했을 것이기 때문이다. 그런데 이렇게 굽거나 튀기는 식으로 요리하는 방식은 우리나라의 전통 음식에는 거의 없다. 이 프라이팬이 소개되면서 한국 음식은 놀라울 정도로 변한다. 그래서 프라이팬의 유입이 한국음식사에서 중대한 사건이 되는 것이다.

비단 이런 주요 음식만 프라이팬과 관계되는 것이 아니다. 한국인의 일상적인 음식이라 할 수 있는 계란 '후라이(프라이)'는 어쩔 것이며 김치볶음밥은 또 어쩔 것인가? 우리가 아침식사로 즐기고 있는 계란 프라이 역시 프라이팬이 있었기에 가능한 음식이다. 한편 김치볶음밥은 김치가 들어가 있어 매우 전통적인 음식으로 생각하기 쉽다. 그러나 이 음식은 기본적으로 프라이팬에서 볶아야 하는 것이니 이 도구가 있은 다음에나 가능한 음식이다. 김찬별에 따르면 이 김치볶음밥의 역사는 아주 짧아서 30년 정도밖에 안 된다고 한다. 심지어 부대찌개보다 그 역사가 짧다고 하니 아주 새로운 요리라는 것을 알 수 있다. 우리에게 친숙한 김치볶음밥 같은 음식이 사실은 이렇게 극히 최근에 만들어진 음식인 것이다.

이렇게 보면 볶는 음식들은 다 프라이팬 덕에 생긴 음식들이다. 그러니 아주 최신 음식이 된다. 그런데 주위를 둘러보면 볶아 먹는 음식이 얼마나 많은가? 낙지볶음은 말할 것도 없고 제육볶음 등처럼 그리 비싸지 않으면서 '실비집'에서 인기리에 팔리는 음식들도 모두 이 판 때문에 출현이 가능했던 음식이다. 빈대

떡 같은 경우는 조선시대에도 있었던 음식이지만 이렇게 일상 음식으로 먹을 수 있게 된 것은 모두 프라이팬이 있기에 가능한 것이다. 빈대떡류의 한국 음식은 이미 세계적인 음식이 되었다. 왜냐하면 한국의 파전26은 ≪뉴욕타임스New York Times≫가 진즉에 세계적인 팬케이크로 소개했기 때문이다.27 이런 자랑스러운 음식도 프라이팬이 대중화되면서 세계적인 음식으로 우뚝 선 것이니 프라이팬의 중요성을 알 수 있지 않을까?

한국인들은 이 프라이팬을 가지고 계속해서 새로운 음식을 만들어냈다. 예를 들어 (춘천)닭갈비 같은 음식이 그러하다. 닭갈비는 춘천의 한 음식점에서 우연히 만들어낸 것인데 이 음식도 프라이팬 덕에 나올 수 있었다. 프라이팬이 있었기에 요리사는 이 판을 가지고 여러 가지 시도를 하다가 이런 음식을 만들어냈을 것이다. 한국인들이 채소를 좋아하니 이것과 고추장을 주요 재료로 사용한 양념장을 닭과 같이 볶아 만든 것이 이 요리다. 물론 프라이팬 때문에 가능한 음식이기도 하지만 여기에 또 고추장 혹은 고춧가루가 나오는 것을 빼놓을 수 없다. 따라서 이 음식도 한국에서만 가능한 음식이다. 예부터 내려오는 고추장이나 채소 같은 식자재가 있었고 이것을 가지고 나중에 들어온 프라이팬에서 여러 가지 방법으로 섞는 가운데 이런 음식이 탄생한 것이다. 닭갈비 같은 명품 음식은 누가 갑자기 만들어낸 것이 아니라 식당과 같은 현장에서 여러 요리사들이 다양하게 시도하다 나온 음식이다.

이런 예를 통해 보면 우리나라 전통 음식에는 기름에 볶거나 튀기는 음식이 원래는 흔하지 않았다는 것을 알 수 있다. 그것은 우리 전통 음식의 이름에 아예 '튀김'이라는 단어가 사용된 경우가 없었다는 것을 통해서도 알 수 있다. 물론 부각이나 튀각, 그리고 유과 같은 한과류는 기름에 튀겨 만들지만 이런 음식을 튀김 요리라고 하지는 않는다. 우리 음식을 지칭하는 이름을 보면 대체로 재료가 앞으로 오고 조리법이 뒤로 오는 경우가 많다. 예를 들어 '김치찌개'라든가 '생선구이', '감자전' 같은 것이 그것이다. 그런데 대표적인 조선의 요리책인 『음식디미방』이나 『규합총서』 등에서는 'ㅇㅇ튀김'과 같은 튀김 요리는 하나도 발견되지 않는다. 사정이 이렇게 된 데에는 아마도 옛날에는 기름이 흔하지 않았을 뿐만 아니라 아궁이에 기름 솥을 걸기가 쉽지 않았을 것이라는 추정을 해볼 수 있다. 이런 기름에 튀기는 요리는 조리하기가 번거롭기 때문에 잔치 같은 특수한 때가 아니면 잘 안 해 먹는 음식이다. 그래서 음식을 분류하는 데에도 끼지 못했을 것이다. 어떻든 이 볶고 튀기는 조리법은 우리 음식에서 가장 발달이 안 된 분야로 인식되고 있다.

이 '튀김'이라는 용어와 연관해서 앞에서 인용한 김찬별의 연구를 보니 '튀김'이라는 표현이 처음으로 활자로 표현된 것은 1949년의 일이라고 한다. 그러나 기름으로만 볶은 요리가 일제기에 나타났으니 튀김 요리도 그보다 일찍부터 있었을 것이다. 이런 요리가 나오기 전까지는 순전한 볶음 요리는 없었고 찌개와 볶음의 중간쯤에 해당하는 요리가 있었다고 한다. 어떻든 이런 볶음이나 튀김 요리가 일반화될 수 있었던 것은 프라이팬 외에도 (가스)레인지가 있었기 때문에 가능한 것이었다. 레인지가 없었다면 이런 음식들의 대중화는 실현되지 못했을 것이다. 가정은 말할 것도 없고 그 많은 식당에서 볶고 지지는 요리가 성행하고 있는 것은 이 레인지 덕분이라고 할 수 있다. 앞서 말한 대로 옛날에는 잔치 같은 특수한 경우에만 이런 튀기는 요리를 즐겼을 것이다. 그럴 수밖에 없는 것이 일일이 아궁이를 만들어 솥뚜껑 같은 것을 아궁이에 걸어야 음식을 볶고 튀길 수 있었으니 말이다. 새로 아궁이를 만들고 허물고 하는 일은 결코 쉬운 일이 아니다. 그래서 큰 잔치가 아니면 이런 음식은 잘 만들지 않았다.

레인지에는 전자[28]와 가스 등 두 종류가 있지만 우리의 주제와 직결되는 것은 가스레인지이다. 우리가 지금까지 본 볶고 튀기는 음식은 대부분 이 가스레인지로 만들기 때문이다. 가스레인지는 서양에서 이미 19세기 초에 만들어졌다고 하는데 국내에서 사용되기 시작한 것은 1960년대 후반이라고 한다. 그러다 1970년대 중반부터는 일본 제품의 부품을 수입해 대량으로 조립생산하기 시작했다고 한다. 한국에서 자체 생산하게 된 것은 이보다 조금 뒤의 일일 것이다. 사정이 그렇다면 이 레인지에서 음식을 볶고 튀기고 굽고 하는 일이 일반화된 것은 이 시기 이후일 것이다.

물론 이 이전에도 고기 등을 구워 먹는 식습관이 있었지만 가스레인지가 일반화되어 있지 않아 숯불이나 연탄 등을 사용했다. 그런데 이런 불들은 이용이 불편해 지금처럼 광범위하게 이용되지는 않았을 것이다. 그 반면 가스레인지는 설치만 해놓으면 언제든지 순간에 켜고 끌 수 있어 지극히 편하게 이용할 수 있기 때문에 전국적으로 유행하게 되고 그에 맞추어 음식들이 계속해서 개발된 것이다. 이러한 상황을 염두에 두고 이제부터는 새로운 요리 도구의 보편화에 힘입어 현대 한국 사회에 어떤 음식들이 나와 유행되었는지에 대해 보자. 시대순으로 하면 이 시기는 맨 마지막이 되는 셈이다.

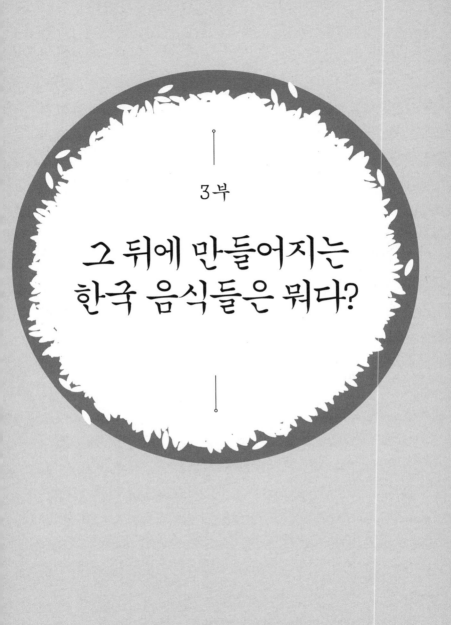

3부

그 뒤에 만들어지는
한국 음식들은 뭐다?

이제 우리는 대체로 1960년대부터 시작하는 현대 한국의 시점에 다다랐다. 지금까지 본 것으로 한국음식사에 대한 대강의 배경지식은 생겼다. 이처럼 '세팅'이 되었으니 현대에 들어오면서 어떤 음식이 어떻게 생겨났는지 그 대표적인 것들에 대해 보자. 가짓수가 하도 많아 그 음식들을 다 본다는 것은 불가능하니 대표적인 것만 보자는 것이다.

그런데 이런 음식을 보기 전에 꼭 짚고 넘어갈 것이 있다. 이것은 식탁의 혁명이라고 할 수 있을 정도로 큰 변화라 할 수 있다. 그것은 충분히 예상할 수 있는 바와 같이 서양 음식이 우리네 식단에 주식으로 떠오른 것이다. 어떤 음식이 주식으로 떠오른다는 것은 대단한 것이다. 그런 일은 잘 일어나지 않기 때문이다. 우리는 지금 많은 서양 음식을 즐기고 있다. 피자니 햄버거니 파스타니 하는 서양 음식 말이다. 그런데 이런 음식들은 별식 같은 것이라 (아주) 가끔씩만 먹을 뿐이다. 주식은 되지 못한다는 것이다.

이에 비해 아침 식사 메뉴를 보면 이전에는 상상도 할 수 없는 변화가 있다는 것을 알 수 있다. 아침에 밥을 먹지 않는 사람이 늘어난 것이 그것이다. 나도 1970~1980년대에는 아침에 밥을 먹지 않는다는 것은 상상할 수도 없었는데 지금은 오히려 밥 먹는 것이 이상하게 된 것 같은 느낌이다. 밥 위주의 아침 식사는 만들고 차리고 치우기가 힘들 뿐만 아니라 양이 많아 위에 부담되는 면도 있다. 게다가 이전처럼 논밭에 나가서 힘든 노동을 하는 것도 아니니 아침 식사가 무거울 필요도 없다. 따라서 육체적인 노동은 거의 하지 않는 도시 산업사회에서는 가벼운 아침밥, 즉 서양식의 빵, 달걀 등을 우유나 커피(차)와 같이 먹는 것이 어울리게 되었고 그것이 지금처럼 정착된 것이다. 이렇게 해서 적어도 아침 식사에 관한 한 한국 식탁에 혁명이 일어나게 된다.

어떤 나라든 한 끼의 식사가 다른 나라의 음식으로 바뀌는 것은 여간해서 일어나지 않는 일이다. 한국의 아침 식사가 이렇게 바뀐 것은 아마 단군 이래 처음으로 있는 일일 것이다. 지금까지 한국 음식을 말할 때 많은 사람들은 단품 위주로 설명하는 경우가 많았다. 예를 들어 불고기가 어쨌다느니 삼겹살이 어쨌다느니 하는 것이 그것이다. 나도 앞에서 그런 식으로 설명했다. 물론 이런 단품 음식의 생성과정에 대한 언급도 중요하지 않은 것은 아니다. 하지만 한 나라의 음식문화를 말할 때 더 의미가 있는 것은 지금 본 것처럼 주식의 변화에 대한 것이다.

원래 음식이라는 것은 몸과 관계된 것이라 바뀌기가 쉽지 않다. 사람 입맛이라는 것은 하루 이틀에 형성되는 것이 아니고 수백, 수천 년을 두고 만들어진 것이라 잘 바뀌지 않는다는 것이다.[1] 단군 이래 우리 민족은 한 번도 '밥과 국과 반찬'이라는 한식의 형식을 버린 적이 없다. 다시 말해 그 식단에 외국 음식이 뚫고 들어가 한국 음식을 걷어내고 자리를 차지한 적이 없다는 것이다. 그런데 그런 일이 20세기 후반부터 일어나고 있으니 이야말로 한국음식사에서 가장 큰 변환이 아니냐는 것이다.[2]

이런 변화가 생긴 것은 말할 것도 없이 이제는 우리의 일부가 된 서양 문화의 유입 때문이다. 그런데 한국인들은 자신들이 얼마나 서양화되어 있는지 잘 모른다. 그 예를 들어보자. 한국인들은 '옷'이라고 하면 당연히 우리가 늘 입고 사는 서양 옷을 말하지 한국식 옷을 말하지는 않는다. 반면에 한국식 옷은 '한복'이라는 별칭을 따로 갖고 있다. 음악의 경우도 마찬가지다. 우리가 음악이라고 하면 서양의 클래식이나 팝 같은 서양 음악을 말하지 한국식 음악을 지칭하지는 않는다. 그래서 우리 음악을 말할 때에는 굳이 '국악'이라고 한다. 그런 것에 비해 그래도 우리의 식생활에서 식사하는 일을 '밥 먹으러 간다'라고 하는 것은 전통이 그만큼 살아 있음을 의미한다. 앞에서 말한 것처럼 음식은 몸(무의식)에 속하는 것이라 쉽게 바뀌지 않는다. 그러나 서양 문화의 흡입이 워낙 거세 적어도 한 끼는 서양 음식이 우리의 식탁을 점령하게 된 것이다. 하기야 단군 이래 최초로 전통 옷 다 버리고 주거 양식도 바닥 난방을 고수한 것 빼고는 전통의 것을 다

버렸는데 음식이라고 변하지 말라는 법은 없지 않겠는가.

이런 추세는 앞으로도 계속될 것이다. 우리 식탁에 깊숙이 들어와 있는 서양 음식이 사라지는 일은 일어나지 않을 것이라는 것이다. 그러나 또 하나의 변수는 앞으로 한식이 전 세계적으로 각광을 받으면 국내에서도 이전과는 다른 방식으로 향유되지 않을까 하는 예측을 해본다.[3] 그렇지만 미래가 어떤 식으로 나타날지 예측하기 힘든 것은 이런 변화가 이제 막 시작했기 때문이다. 이에 대한 언급은 뒤로 미루고 이제부터는 현대에 들어와 새로 생겨나거나 새로운 모습으로 우리 곁에 다가온 몇몇 가지 음식에 대해서 보기로 하자. 이런 음식들도 그 종류가 대단히 많기 때문에 다 보는 것은 애당초 가능하지 않다. 따라서 우리가 주목해야 할 것들을 중심으로 보기로 하자.

# 현대 한국 음식 열전

# 비빔밥

현대 한국 음식 가운데 비빔밥을 가장 먼저 보려는 것은 비록 비빔밥이 현대에 생겨난 음식은 아닐지라도 그 인기 면에서 여타 음식을 월등 능가하기 때문이다. 비빔밥이 19세기 말의 문헌(『시의전서是議全書』)에 최초로 나타나고 있다고 하니 우리 민족은 이 음식을 꽤 오래전부터 먹어왔던 것이다. 물론 이 책에는 비빔밥이라는 이름으로가 아니라 '어지럽게 섞는다'는 의미로 '골동반骨董飯'이라는 이름으로 소개되어 있다고 한다. 비빔밥은 어떤 의도로 만들어진 음식이라기보다는 남은 음식들을 처리하는 과정에서 자연스럽게 생겨난 음식이 아닌가 하는 추측을 해본다. 우리 민족은 예부터 여러 가지 재료를 가지고 섞거나 오래 끓여 그 진액만 취해 먹는 데에 아주 익숙했다. 비빔밥은 그런 우리 민족의 식습관에서 자연스럽게 파생된 것으로 보인다. 특히 안동 지방에서 유래했다는 헛제사밥은 이러한 정황을 잘 보여준다. 제사를 지내고 난 뒤 '음복'으로 제사상에 있던 음식을 함께 비벼 먹었던 것이 그것이다(이 경우에는 고추장이 아니라 간장을 넣어서 비비지만).

비빔밥의 유래가 어찌 되었든 비빔밥이 현대에 와서 국제적인 음식이 되어 각광을 받고 있다는 점이 중요하다. 한국인들도 그동안 지방마다, 혹은 더 나아가서 가정마다 자기 식대로 비빔밥을 만들어 열심히 먹었다. 문화란 먼저 그 문화가 속한 지역의 사람들이 가장 많이 소비해야 하는데 비빔밥은 그런 면에서 아마도 한국에서 가장 일상화된 음식이 아닐까 한다. 집에서도 아무 때나 먹을 수 있고 한식당에서도 가장 많이 파는 음식 중의 하나이니 말이다. 비빔밥의 인기를 가늠할 수 있는 척도는 이 음식이 한식 가운데 처음으로 기내식으로 들어갔다는 것일 것이다. 항공기란 한국인은 물론 많은 외국인들이 이용하는 것이라 그 음식 선정에 만전을 기할 것이다. 그런 가운데에서 비빔밥이 뽑혔다는 것은 인기뿐만 아니라 국제성에서 좋은 점수를 받았기 때문일 것이다.

비빔밥이 이렇게 된 데에는 몇 가지 조건이 맞아떨어진 점이 있다. 흔히들 비빔밥은 한식 가운데 외국인들이 가장 무난하게 접근할 수 있는 음식으로 손꼽는다. 왜냐하면 눈으로 모든 재료들을 확인할 수 있고 밥이나 넣을 거리, 소스 등을 자기 마음대로 조절할 수 있기 때문이다. 그래서 자신이 싫어하는 재료[4]는 넣지 않는다거나 좋아하는 것은 많이 넣는 식으로 자기 식대로 비빔밥을 즐길 수 있다. 이렇게 개인별로 얼마든지 다양한 맛을 낼 수 있는 데에 비빔밥의 매력이 있는 것 아닐까? 게다가 비빔밥에는 채소가 주로 들어가니 웰빙 건강식품으로도 인기가 높다. 이런 면들이 복합적으로 작용해 비빔밥이 외국인들에게도 인기가 있는 한국 음식이 되었을 것으로 생각된다.

그러면 이런 비빔밥을 우리는 어떻게 이해하고 또 이 밥에 대해 잘 모르는 사람에게는 어떻게 소개할 수 있을까? 비빔밥이 흔한 음식이라 비빔밥에 대해 누구나 잘 알고 있는 것으로 생각하기 쉽다. 그런데 정작 비빔밥의 정확한 묘미를 아는 사람은 많지 않다. 우선 비빔밥은 두 가지 맛이 나야 한다. 그 첫 번째는 비빔밥에 들어가 있는 재료들의 고유한 맛이다. 비빔밥은 많은 재료들을 섞어서 만들기 때문에 자칫하면 각 재료들의 본래 맛을 잃을 수 있다. 이 재료들의 맛을 느끼지 못한다면 그것은 비빔밥이라 할 수 없다. 나중에 비벼 먹을 때 각 재료들의 맛을 충분히 음미할 수 있게 각 재료가 살아 있어야 한다.

그런데 비빔밥에는 이보다 상위의 맛이 있다. 이 재료들이 섞여 나는 새로운 맛이 그것이다. 이게 이 음식의 묘미다. 이 새로운 맛을 내려 할 때 가장 중요한 게 소스다. 소스에는 고추장이 가장 많이 쓰이고 있고 간장도 가끔 쓰인다. 그리고 고소한 맛을 내기 위해서는 참기름도 많이 이용되고 있다. 이 고추장이나 간장은 각 재료들을 이어주는 매개 역할을 한다. 그런데 그냥 잇는 게 아니라 또 다른 맛이 나게 하는데 그것이 묘미라는 것이다. 어떻든 이 두 맛이 제대로 나야 좋은 비빔밥이 되는데 시중에서는 그런 비빔밥을 찾기가 쉽지 않다. 사람들은 비빔밥을 아무렇게나 섞어 만들면 되는 음식인 줄 아는 것 같다. 그러나 이 음식의 원리를 알면 비빔밥이 함부로 만들 수 없는 음식이라는 것을 알 수 있을 것이다.

이 외에 비빔밥의 특징을 보면, 이 음식이 이상적인 건강식에 가깝다는 것도 잊지 말아야겠다. 그래서 비빔밥을 두고 이른바 웰빙 음식이라고 하는 건데 이것은 비빔밥에 들어간 재료의 비율을 보고 하는 소리이다. 우리는 이상적인 건강 음식이 갖고 있는 채소 대 고기의 비율이 8:2라는 것을 알고 있다. 비빔밥이 이 등식에 상당히 근접해 있다는 것은 많이 생각해보지 않아도 알 수 있지 않을까? 아니 외려 채소의 비율이 더 높아 더 나은 건강식이 될 수도 있겠다. 비빔밥의 묘미는 자신이 재료를 얼마든지 선택할 수 있는 데에 있다고 했다. 따라서 채식주의자는 고기나 계란을 빼고 먹으면 될 것이고 고기를 좋아하는 사람은 고기를 많이 넣고 먹으면 된다. 비빔밥은 이렇게 융통성 있는 음식이다.

비빔밥의 또 다른 특성과 관련하여, 비빔밥을 파격의 음식이라도 한다. 비빔밥은 그 첫 모습이 하도 예뻐 화반花飯, 즉 '꽃밥'으로도 불린다. 여러 색깔의 채소가 밥 위에 올려져 있고 한가운데에는 노른자가 선명한 달걀이 놓여 있어 전체적으로 보면 꽃처럼 보이는 것이다. 그런데 먹을 때는 거기다 새빨간 고추장을 넣고 한순간에 섞어버린다. 그러면 좀 전의 아름다운 모습은 온데간데없이 사라진다. 대신 고추장 때문에 벌건 밥(그리고 채소들)이 되어버린다. 비빔밥의 맛은 바로 이때 나는 것인지만 그 모습은 영 추하다.

그래서 비빔밥을 광고하는 사진에는 결코 이 모습을 싣지 않는다. 우리가 비빔밥을 먹는 것은 최초의 예쁜 상태가 아니라 이 상태로 먹는데도 말이다. 어떻든 비빔밥의 이러한 면 때문에 파격의 음식이라고 하는 것이다. 간혹 외국인 가운데에는 비빔밥을 비비지 않고 그냥 먹는 경우가 있다. 나도 개인적으로 그런 외국인들을 실제로 몇 명 겪어보기도 했다. 밥과 반찬을 섞지 않고 따로따로 먹는 외국인들 말이다. 그들이 그렇게 먹는 것은 충분히 이해가 된다. 비빔밥이 워낙 파격의 음식이기 때문에 그런 파격을 받아들이지 못하는 사람은 어쩔 수 없는 것이다.

지금 비빔밥 하면 사람들은 전주비빔밥을 치는데 사실 전주 말고도 진주나 평양 비빔밥 역시 유명했다. 그런데 지금은 전주 비빔밥만 치게 된 것은 전주가 이른바 '마케팅'을 잘한 것이다. 아무리 내용물이 좋아도 그것을 알리지 않으면 아무도 모른다. 그런 영업 능력이 없으면 그 콘텐츠는 없는 거나 마찬가지다. 이 점에서 전주시가 선점하여 활발하게 전국에 알린 것이다.[5] 게다가 전주비빔밥은 나름대로의 특징을 확실하게 갖고 있다. 간장이나 고추장도 오래 묵힌 좋은 것을 쓰지만 특히 콩나물을 많이 쓰는 데에서도 전주비빔밥의 특징을 찾을 수 있다. 또 신선한 육회도 전주비빔밥에는 빠지지 않는다.

　전주비빔밥이 최근에 유행했듯이 또 비슷하게 최근에 각광을 받은 비빔밥이 있는데 안동의 헛제사밥이 그것이다. 이 음식은 거의 주목을 받지 못하고 있었는데 안동시에서 지역 특유의 음식을 찾다가 이 음식이 우여곡절 끝에 조명을 받게 되었다고 한다.[6] 이 음식은 1980년대에 들어서야 조금 알려져 1990년대에 가서 유명하게 된다. 이렇게 생겨났기 때문에 이 음식은 그 유래가 잘 알려지지 않은 것 같다. 말 그대로 하면 이 음식은 제사는 지내지 않고 제사상에 올라가는 음식을 가지고 비벼 먹는, 다소 이상한 음식이다. 이 음식의 유래를 스토리로 만들어보면 이런 추정이 가능하다.

제사가 끝난 다음에 남은 음식들을 비벼 먹던 사람들이 그 맛을 잊지 못해 어떻게 하면 이 음식을 다시 먹을 수 있을까 하고 궁리를 했다. 그러다 제사를 가짜로 지내기로 작정한 모양이다. 그래서 제사는 허투루 지내는 척만 하고 차려진 음식을 비벼 먹은 것이다. 이 정도면 꽤 괜찮은 스토리 아닐까? (물론 이것은 추정이라는 것을 잊어서는 안 된다.) 그래서 이 비빔밥에는 제사상에 올렸던 것들이 재료로 들어간다. 이 비빔밥이 특이한 것은 소스로 고추장이 아니라 간장을 쓴다는 것이다. 왜 간장을 쓰게 되었는지는 알 수 없다. 다만 추정을 해보면, 제사상에는 고추장이 아니라 간장이 올라가니 간장이 쓰일 수 있겠다는 생각을 해본다. 사정이 어찌 되었든 생각건대 이 음식은 '만들어진 전통invented tradition'일 가능성이 크다. 실제로 전승되어온 것이 아니라 현대인들의 필요에 따라 만들어진 음식이라는 것이다. 그러나 전통이라는 게 많은 경우에 그렇게 만들어지는 것이니 이 음식에 문제가 있다고 할 수는 없는 노릇이다.

## 고기 음식

불고기

이 음식에 대해서는 앞에서 이미 언급했지만 조금 미진한 것이 있어 더 보아야겠다. 지금은 불고기 하면 많은 종류가 있지만 적어도 내게 불고기는 둥그런 불판 위에 양념된 고기를 구워 먹는 것 한 가지밖에 없었다. 이때 결코 빼놓을 수 없는 것은 불판 가장자리에 육수로 만든 국물이 있었다는 것이다. 그 달콤한 국물에 밥을 비벼 먹으면 아주 맛있었던 기억이 선명하다. 고기는 양념이 잘되어 연하고 달콤해 입안에서 살살 녹았다. 그뿐만 아니라 가장자리의 육수에 고기에서 진짜 육수가 흘려내려 섞이면서 만들어진 국물은 어떤 음식도 낼 수 없는 절묘한 맛을 갖고 있었다.

이런 불고기는 1960년대에 많이 먹었다. 사실 많이 먹었다는 표현은 조금 어폐가 있다. 이런 불고기는 아주 특별한 날에만 먹을 수 있었기 때문이다. 못살던 시절에 고기 요리 먹는 것은 그다지 흔한 일이 아니었다. 어떻든 당시에는 이런 불고기가 한국인들의 전통 불고기인 줄 알았다. 다시 말해 역사가 오래된 '우리' 음식이라고 생각했던 것이다. 그게 사실이 아니라는 걸 깨닫게 되는 데에는 꽤 시간이 걸렸다. 나중에 들어보니 이 불고기라는 이름 자체가 1950년대에 처음 생긴 것으로 국어학자들이 만들었다고 한다.

이런 사실을 염두에 두고 당시의 정황을 한번 퍼즐처럼 맞추어보자. 1950년대에 한국인들이 즐겨 먹던 방식과는 다른 고기 요리가 새롭게 등장했다. 이 요리는 앞에서 본 것처럼 일본식 고기 요리인 스키야키의 영향을 받아 탄생했지만 스키야키와는 엄연히 다른 음식이었다. 따라서 이 고기 요리는 새로운 이름이 필요했다. 이 새로운 이름으로 '불고기'라는 다소 투박한 단어가 채택되었다. 그런데 이 이름이 조금 수상하다.

지금은 이 불고기라는 이름이 전혀 이상하지 않지만 당시에는 아주 생소한 이름이었다고 한다. 하기야 '불'과 '고기'라는 두 단어를 그냥 붙여 만든 이름이니 그럴 만도 하겠다. 영어로 직역하면 'fire meat'인데 이 이름 역시 이상하기는 마찬가지이다. 불로 어떻게 조리했다는 구체적인 서술 없이 그냥 불고기라 했으니 그렇다는 것이다. 보통은 '구이'라든가 '조림'이라든가 '튀김'이라든가 하는 식으로 조리법을 붙여 이름을 만드는데 그냥 불고기라 했으니 이상하게 들리는 것은 당연하다 하겠다.[7]

원래 한국의 전통식 고기 조리법은 앞에서 이미 본 대로 너비아니처럼 고기만 구워 먹는 것이었다. 그런데 국물 불고기가 나온 것이다. 국물이 많아서 때로는 불고기 전골이라고 부르는 경우도 있다. 이런 불고기가 나온 배경에 대해서 혹자는 고기가 타는 걸 방지하기 위해 가장자리에 육수를 부어 조리하다가 생긴 것이라고 주장한다.[8] 이 설이 맞든 그르든 이 음식은 1960년대부터 인기를 끌게 되는데 그 뒤로 한국인들의 살림살이가 나아지면서 사람들은 점차로 양념한 것보다 생고기의 맛을 향유하기 시작했다. 고기의 원래 맛을 찾은 것이다. 그래서 지금은 국물 불고기보다는 이전의 전통을 살린 직화 불고기들이 훨씬 더 많은 인기를 끌고 있다. 음식은 이렇게 시대 상황에 따라 바뀌어 가는 것이다. 그런 가운데에 사람들에게 큰 호응을 받은 음식은 살아남게 되고 더 나아가서 전통 음식처럼 대우를 받게 되는 것이리라.

### 삼겹살

한국인의 고기 음식을 말할 때 우리는 이 삼겹살을 그냥 지나칠 수 없다. 앞에서 간간이 삼겹살에 대해 이야기했으니 여기서는 보충 설명만 하면서 결말짓도록 하자. 삼겹살은 돼지 복부의 넓고 납작한 부위를 지칭하는데 서양에서는 주로 베이컨 등 가공육으로 쓰지만 한국인들은 직접 구워서 먹는다. 이 삼겹살을 이렇게 구워 먹는 민족은 전 세계에서 한국인이 유일하다고 한다. 게다가 그냥 대충 먹는 게 아니라 엄청 먹어댄다. 한국인들이 하도 삼겹살 부위만 먹으니까 안심이나 등심 같은 돼지고기의 다른 부위가 안 팔려 이 부위들을 소비하자는 캠페인까지 등장했다고 한다. 어떤 경우에는 다른 부위를 삼겹살처럼 위장해서 팔기도 했다. 예를 들어 '목삼겹'이니 '오겹살'이니 하는 게 그것이다.[9] 그러다 보니 전 세계에서 삼겹살을 제일 많이 먹는 민족이 한국인이 되었다.

그러나 앞서 말했듯이 한국인들도 지금처럼 삼겹살을 많이 먹었던 것은 아니다. 아니 이전에는 거의 먹지 않았던 부위가 삼겹살이었다. 잘 먹지 않았던 이유는 그 부위에 기름이 많았기 때문이었을 것이다. 삼겹살은 돼지의 다른 부위에 비해 지방이 많다(반은 지방이지 않은가?). 그래서 옛 방법대로 그런 부위를 삶아서 먹는 것은 그리 바람직하지 않았을 것이다. 그러나 외부에서

두 가지 조리 기구가 수입되면서 사정이 달라지기 시작했다. 우선 고기를 얇게 썰 수 있는 기계가 들어왔고 고기를 판에서 구울 수 있는 프라이팬(혹은 전기 불판)이 수입되었다. 고기를 얇게 써니까 상대적으로 지방도 적게 나온다. 그리고 그것을 불판에서 구우니 지방이 다소 빠져나가면서 졸깃졸깃하게 되고 살과 같이 씹는 맛이 아주 고소해진다. 글쎄, 내 개인적인 견해로는 베이컨의 초기 단계라고나 할까? 베이컨을 씹으면 고소한 맛이 나는데 삼겹살에서도 그런 맛이 나는 것이다.

한국인들이 삼겹살을 좋아하게 된 데에는 돼지고기가 소고기보다 훨씬 싸다는 절대적인 이유가 있을 것이다. 그러나 단지 가격의 차이만으로 이 한국인들의 삼겹살 사랑을 다 설명할 수는 없을 것 같다. 삼겹살이 음식인 이상 삼겹살을 음식으로 보고 설명해야 하기 때문이다. 이 문제에 대해 전문가들은 여러 가지로 진단하지만 무엇보다도 삼겹살이 고소해서 맛이 좋을 뿐만 아니라 씹는 맛도 있다는 데에서 삼겹살의 인기 비결을 찾는 것 같다.

그런데 삼겹살이 아무리 맛있더라도 그 자체로는 그런 맛을 낼 수 없다는 것도 잊어서는 안 된다. 삼겹살이 그런 맛을 낼 수 있는 것은 찍어 먹는 소금-참기름이 큰 역할을 하고 있고 아울러 같이 곁들여지는 쌈장과 쌈 채소, 그리고 양념된 파, 마늘 등의 공이 크다. 이것들이 모두 어울려 삼겹살이라는 전체 요리를 이루는 것이지 돼지고기 하나만으로 삼겹살 요리라고 하지 않는다. 여기에 또 빠진 것이 있다. 소주가 그것이다. 이 삼겹살은 소주와도 아주 잘 어울린다. 돼지기름이 목과 식도에 남아 있을 때 소주 한 모금이면 다 걷어낼 수 있다. 아니 그 반대도 좋다. 소주의 쓴맛이 입안에 남아 있을 때 삼겹살-채소 뭉텅이가 들어가면 쓴맛을 다 거둬내고 삼겹살의 고소한 맛을 즐길 수 있어 좋지 않은가.

어떻든 한국인들이 이런 삼겹살을 먹기 시작한 것은 1970년 대에 들어와서였다고 한다. 물론 그 이전에도 1960년대에 광부들이 목에 낀 먼지(분진)들을 돼지기름으로 닦아 내리기 위해 삼겹살을 먹었다는 설이 있다. 실제로 어떤 학자는 삼겹살의 지방이 체내 중금속의 배출을 돕는다는 연구 결과를 발표하기도 했다. 그러나 1970년대 후반까지도 한국인들이 많이 먹은 돼지 요리는 돼지 등심에 소금을 뿌려서 구워 먹는 로스구이였다. 그랬던 것이 로스구이는 서서히 사라지고 삼겹살이 그 자리를 차지하게 되었고 큰 인기를 얻게 된 것이다.

이런 끝에 1994년에는 삼겹살이 국어사전에도 등재되었다고 한다. 김찬별에 따르면 삼겹살의 소비가 폭증한 것은 이른바 IMF 금융위기 이후에 돼지고기 수입이 전면 개방되면서부터였다고 한다. 실제로 그 이후에 삼겹살 전문점이 많이 생겨났다고 하니 그런 정황을 이해할 수 있겠다. 어찌 되었든 삼겹살은 현재 국민음식이 되었다고 할 수 있다. 게다가 소주와 같이하다 보면 술자리는 자연스럽게 한국인의 영원한 오락장인 노래방으로 이어지게 된다. 이렇게 되면 음식과 술, 그리고 여흥까지 즐기게 되어 한국인들의 환상적인 놀이문화가 완성되는 것이다. 삼겹살이 한국인의 음식문화에서 중요한 것은 음식으로서만이 아니라 이처럼 한국인들의 여흥문화와도 관계되기 때문이다.

고기 요리는 이 외에도 많이 있다. 특히 갈비는 매우 유명한 고기 요리이다. 그러나 이 음식도 그 발전 과정이 앞에서 다룬 고기 요리들과 비슷해 별도의 항목을 두어 설명하지는 않는다. 그리고 앞에서 이 음식에 대해서 간헐적으로 다루었기 때문에 여기서는 아주 간략하게 갈비 요리에 대해서 보고 이 장을 마쳐야겠다.

우리 민족이 조선 말부터 최근까지 주로 먹던 갈비 음식은 갈비찜이 대세였다. 그것도 명절이나 잔치 같이 아주 특별한 경우에만 먹는 대단히 귀한 고급 음식이었다. 이 음식이 언제부터 지금 우리가 먹는 것과 같은 구이 형태로 바뀌었을까? 몇 가지 설이 있지만 이것 역시 불판이 들어온 일제기로 보아야 할 것이다. 1932년의 정황을 담은 이광수의 소설 「흙」을 보면 갈비 뜯는 이야기가 나오니 적어도 그 전이 아닐까 한다. 사정이 어찌 되었든 이 음식도 만들어진 지가 그리 오래된 것은 아니다. 심지어 앞에서도 잠깐 보았지만 LA갈비까지 오면 이 음식이 얼마나 최근에 나온 음식인지 알 수 있다. 이 갈비는 가로로 뼈를 갈라 거기에 붙은 고기를 굽는 전통적인 방법과는 달리 직각으로 고기를 잘라 먹는 데에서 그 차이를 발견할 수 있다. 이런 제반 사실들을 통해 우리는 한국인들이 끊임없이 자신들의 음식을 변형·발전시켜 나갔다는 것을 알 수 있다.

# 분식센터 음식

'분식센터'라는 음식점은 무언가 추억을 회상하게 해주는 식당이다. 그런데 가만히 생각해보면 이 분식센터라는 이름은 조금 이상하다는 것을 알 수 있다. 음식점 이름에 '당堂'이니 '점店'이니 하는 글자가 들어가 있지 않고 '센터center'라는 생경한 영어 단어가 들어가 있으니 말이다. '분식센터'를 풀이하면 '밀가루 음식 센터'이니 이상하다는 생각을 지울 수가 없다. 우리가 한식만을 파는 식당을 두고 '한식 센터'라고는 안 하지 않는가? 그뿐만이 아니다. 이런 음식점이 나오기 전까지 한국인들은 밀가루를 별로 먹지 않았다. 앞에서도 이야기했지만 한국인에게 '식사'라는 것은 밥을 의미했기 때문에 그 자리는 다른 어떤 음식도 대신할 수 없었다. 그런데 느닷없이 아주 생소한 '분식'이라는 말이

'센터'라는 영어 단어와 함께 나왔으니 한국인들은 아주 생경했을 것이다.

용어 문제는 그렇다 치고, 이 분식센터는 우리에게 묘한 향수를 자아내는 면이 있다. 왜냐하면 우리가 중고교 시절에 적은 돈을 가지고 마음 놓고 갈 수 있었던 만만한 식당이 바로 이 분식센터였기 때문이다. 우리는 이 식당에서 인생의 가장 큰 문제인 배고픔을 해결했고 나름대로 인생을 논의했을 뿐만 아니라 이성의 친구도 만났으니 추억이 없을 리가 없는 것이다. 그래서 지금도 분식센터를 보면 그 이름이 촌스럽든 어떻든 옛 생각이 나는 것이리라.

이 다소 색다른 음식점이 생긴 유래에 대해서 음식관계자들은 대체로 의견의 일치를 본다. 그 경위는 다음과 같다. 1955년에 한국과 미국이 '잉여농산물도입협정'이라는 조약을 맺었다. 이 협정이 이름은 복잡하게 보이지만 내용은 간단하다. 세계에서 가장 가난한 나라가 된 한국을 먹여 살리기 위해 미국이 농산물을 (무상) 원조한 것이다. 그런데 이 농산물 가운데 70%가 밀가루였다고 한다. 그러니 정부 입장에서는 이 밀가루를 소비해야만 했다. 그러나 국민들은 밥만 찾았다. 그것은 당연한 것이 입맛은 쉽게 변하지 않기 때문이다. 그래서 정부는 쌀로 만드는 막걸리 같은 것들을 모두 제조 금지시켰고 흰쌀밥을 식당과 가정에서 퇴출시켰다. 나도 어렸을 때인 1960년대에는 흰쌀밥을 본 기억이 나지 않는다. 밥은 무조건 혼식이어야만 했다. 왜냐하면 혼식 여부를 가지고 학교에서 도시락을 매일 검사했으니 따르지 않고 배길 수가 없었던 것이다. 하기야 그렇게 유난을 안 떨어도 먹을 쌀이 부족했으니 혼식을 안 할 재간도 없었다.

이렇게 해서 쌀의 소비는 자꾸 줄여갔지만 밀가루를 소비하는 것이 큰 문제였다. 미국에서 밀가루는 들어오는데 국민들이 먹으려 하지 않으니 야단인 것이다. 정부는 어떻게든 국민들로 하여금 밀가루를 먹게 해야 했다. 정부는 이를 위해 밀가루가 쌀보다 훌륭한 음식이라고 대대적인 홍보를 하고 밀가루 음식 먹기를 독려했다. 이 당시 나는 점심으로 수제비를 자주 먹었는데 당시에는 이 음식을 아무 생각 없이 맛있게 먹었다. 그러나 이 수제비 역시 밀가루 소비를 위해 새롭게 만들어진 음식이라는 것을 극히 최근에야 알게 되었다. 수제비는 전혀 전통 음식이 아니었는데 당시는 상당히 전통적인 음식인 줄 알았던 것이다.

여기서 정부는 한 걸음 더 나아가 적극적으로 국민들로 하여금 밀가루 음식을 먹게 하기 위해 식당을 만들게 되는데 그것이 바로 이 이상한 이름의 분식센터인 것이다. 분식센터가 이렇게 해서 생긴 식당이니 이 식당에서는 당연히 밀가루로 만든 음식만 팔았다. 그 음식들이 바로 국수나 라면, 그리고 그 유명한 쫄면이다. 그런데 국수만 팔면 단조로우니까 떡볶이, 튀김과 같은 가외의 음식도 팔게 되었다.

이렇게 팔다가 음식의 폭이 더 넓어져 메뉴에 김밥이나 오뎅 (어묵) 등 더 많은 종류의 '간편 음식'들이 포함되었던 것 같다. 지금은 이런 분식집이 많이 없어졌지만 그 계보를 잇는 듯한 음식집이 있는데 내 개인적인 생각에는 '김밥천국' 같은 김밥 전문점이 그런 종류가 아닐까 한다. 이렇게 생각하는 이유는 여기에서 파는 메뉴들이 이전의 분식센터와 많이 겹치기 때문이다. 겹치는 면도 있지만 훨씬 더 다양해졌다고 보는 게 타당하겠다. 이런 상황을 염두에 두고 이런 식당에서 팔던 음식에 대해 보기로 하자. 그 음식 가운데 무엇보다도 라면을 먼저 다루어야 하지 않을까 하는 생각이다. 왜냐하면 한국인들은 라면을 접하면서 식탁에서 작은 혁명 같은 변화를 겪기 때문이다.

라면

라면은 한국인에게 매우 특별한 음식이다. 그 이유 중 하나는 라면이 밥을 대신해서 거의 주식의 자리에까지 올라왔기 때문이다. 우리는 앞에서 한국인들이 빵이나 우유, 커피 등을 주식의 수준까지 끌어올린 것을 목격했다. 내 생각에 라면도 이 정도의 위치까지 온 것 아닌가 한다. 왜냐하면 현대 한국인들은 집에서 밥을 먹을 때 라면으로도 한 끼를 때우기 때문이다. 게다가 장거리 해외여행을 갈 때 만일 한국 식당이 없는 곳으로 간다면 반드시 챙겨 갖고 가는 음식이 이 라면이다(고추장과 함께). 라면만 끓이면 한 끼가 되기 때문이다. 밥도 '햇반' 같은 것을 가져갈 수 있지만 밥은 반찬이 없이 달랑 그것 하나만 먹을 수 있는 음식이 아니다. 그러나 라면은 한 봉지면 모든 게 다 해결되니 얼마나 간편한 음식인가?

또 재미있는 것은 이 라면이 한국 여성들의 해방에 적게나마 공헌했다는 점이다. 어떤 점에서 그럴까? 요리를 전혀 하지 않는 한국 남성들도 이 라면 하나 정도는 끓여서 먹을 줄 안다. 라면 요리는 그만큼 간편하기 때문이다. 따라서 주부가 집에 없는 날 점심 정도는 남편 혼자 알아서 라면으로 한 끼를 때울 수 있게 되었다. 주부가 한 끼에서 해방된다는 것은 대단한 일이다. 이건 음식을 해보지 않은 남자들은 알 수 없다. 주부들은 한 끼라도 밖에서 먹으면 큰 해방감을 느낀다니 말이다. 이처럼 남자가 요리를 해서 음식을 먹는 일은 전통사회에서는 일찍이 없었던 일로 라면이 발명되었기 때문에 가능한 것이다.

이 라면이 분식센터에서 아주 저렴하게 많이 팔렸다. 그것도 여러 가지 변형으로 말이다. 가장 비근한 예가 떡라면이고 그 외에도 수없이 다양한 음식과 섞어 치즈라면, 짬뽕라면, 해장라면과 같은 라면 변종들이 등장했다. 이런 한국인의 라면 사랑은 '신라면'이라는 세계적인 명품을 만들어냈다고 앞에서 이미 설명했다. 더 재미있는 것은 한국의 고속도로 휴게소에서 라면을 판다는 것이다. 라면은 우동과 달라서 면을 익혀야 하기 때문에 조리하는 데에 시간이 다소 걸린다. 그래서 고속도로 휴게소처럼 후딱 먹고 가는 '패스트fast' 식당에는 잘 맞지 않는다. 그러나 라면을 사랑하는 한국인들이 라면을 내버려둘 리가 없다. 그래서 그들은 라면을 대량으로 빨리 끓이는 기계를 만들어내 손님들에게 제공하기 시작했다. 아무리 늦어도 5분 안에 라면이 나올 수 있게 기계를 만들어낸 것이다. 이런 현상들이 모두 한국인의 라면 사랑을 보여준다 하겠다. 한국인들이 이렇게 라면을 좋아하다 보니 봉지라면의 경우 국민 1인당 먹는 개수가 세계에서 제일 많게 되는 진기한 일이 벌어졌다.

한국에 라면이 어떻게 들어오고 어떤 경로로 인기를 끌게 되었는가는 이미 잘 알려져 있어 많은 설명이 필요 없을 것이다. 1960년대 초에 일본 기술을 전수한 삼양식품의 전중윤 명예회장이 처음으로 라면을 한국에 소개했다. 그가 라면을 한국에 도입하려고 했던 이유는 앞에서 본 것처럼 당시의 밀가루 원조와 관계되어 있다. 그는 먹고살 것은 없는데 밀가루는 많고, 국민들은 밀가루 음식을 그다지 좋아하지 않고 하는 등등의 현실을 어뗗게 타개할 것인가 생각했던 모양이다. 그러던 차에 이웃 나라 일본에서 안도 모모후쿠安藤百福라는 사람에 의해 라면이 개발되었다는 소식을 듣고 한국의 열악한 식량 사정을 조금이나마 개선하고자 라면을 도입한 것이다. 남아도는 밀가루로 라면을 만들면 될 것이라고 생각했을 것이다. 그래서 처음 라면이 나온 게 1963년. 국민들의 반응은 싸늘했다. 그것은 당연할 수밖에 없는 것이 곡물만 먹고 살다가 생전에 처음 보는 방법으로 튀긴 면이 나왔으니 말이다. 당시에 국수를 기름에 튀긴다는 생각은 한국인들의 뇌리에는 없었을 것이다. 게다가 맛도 참 없었다. 나도 당시에 라면을 먹던 기억이 나는데, 국물도 엉성하고 면에서는 항상 기름 냄새가 나서 투덜거리며 먹었던 기억이 생생하다.

이처럼 초기에 철저하게 외면 받던 라면이 인기를 끌게 된 이유에 대해서는 속설이 있다. 전중윤 명예회장에 따르면 박정희 대통령이 삼양라면이 고전을 면치 못한다는 소식을 듣고 고춧가루를 넣을 것을 조언해 그렇게 만들었더니 그때부터 라면이 잘 팔려나갔다는 것이다. 이 작업이 원활히 진행되도록 하기 위해 박정희 대통령은 비싼 정부 비축분 고춧가루를 삼양에서 쓸 수 있게 했다는 풍문도 있다. 그때까지 라면의 국물은 일본식의 닭고기 국물이라 색깔이 하얗고 맛 역시 밋밋했다. 여기에 고춧가루가 가미되면서 한국인들이 좋아하는 빨간 국물의 라면이 나오게 된 것이다. 여기서 삼양라면은 대박을 치게 된다(일설에 매출이 300배 늘었다고 한다). 우리가 아직도 먹는 라면의 빨간 국물이 여기서 생겨난 것이다. 내 개인적인 기억으로는 그 뒤로 해마다 한국 라면의 맛은 상승되었다. 그래서 언제인지 모르지만 역겨운 기름 맛이 전혀 나지 않고 국물은 감칠맛 나는 쪽으로 변해갔다(물론 국물을 많이 먹으면 그 안 좋은 뒷맛은 여전하다!). 그래서 라면에 대한 거부감이 없어졌고 국민들은 라면을 믿고 먹을수 있게 되었다.

사정이 이렇게 된 것은 한국의 라면 회사들이 계속 연구를 해서 한국인의 입맛에 맞는 라면을 개발한 것이 가장 큰 요인일 것이다. 그래서 지금은 중국의 '라미엔拉麵'이나 일본의 '라멘'과는 다른 한국만의 독특한 '라면' 전통을 만들어냈다고 주장하는 사람도 있다. 그만큼 우리의 라면은 일본이나 중국에서 쉽게 찾아볼 수 없는 독자적인 맛을 만들어냈다는 것이다. 그래서 이 라면의 종주국이 어디냐를 놓고 재미있는 일이 벌어지곤 한다. 재미있는 일이란 이런 것이다.

지금 우리가 먹고 있는 라면을 만들어낸 것은 앞에서도 본 것처럼 일본인이다. 그래서 한국인들은 라면의 종주국은 일본이라고 생각한다. 그런데 일본인들은 자신들이 라면의 종주국이라고 생각하지 않는다. 왜냐하면 일본의 라멘은 중국의 라미엔을 기름에 튀겨서 변형시킨 것이기 때문이다. 그래서 일본인들은 자연스럽게 라면의 기원은 중국이라고 생각한다고 한다. 그런데 러시아에서는 라면의 종주국이 한국인 줄 안다고 한다. 왜냐하면 그들이 먹는 용기면 가운데 반 이상이 우리나라 라면('팔도 도시락')이기 때문이다. 특히 기차를 타면 반드시 먹어야 되는 음식이 바로 이 '도시락' 면이란다. 한국에서는 별 인기가 없던 라면이 러시아에서는 어떻게 큰 인기를 끌었는지 궁금한 일이다. 문화란 이처럼 그 기원은 그다지 중요하지 않다. 문화는 누가 어떻게 향유하고 발전시키는가가 중요하기 때문이다.

이처럼 라면 하나 두고도 할 말이 많다. 예를 들어 새로운 라면이 나왔을 때 시장이 어떻게 반응하는가도 재미있는 주제이다. 가령 하얀 국물의 라면(꼬꼬면 혹은 나가사키 짬뽕 등)이 나왔을 때 한때는 이 라면들을 제대로 살 수 없을 정도로 인기가 있었는데 곧 시들해지는 것 따위가 그것이다. 한국인들이 다시 빨간 국물로 돌아간 것이다. 또 농심이 야심차게 만든 라면인 '신라면 블랙'도 그렇다. 기존의 신라면에 사골 국물을 첨가해 이 라면을 개발했는데 그것 역시 적어도 국내에서는 실패로 돌아갔다는 등 이야기가 많다. 그만큼 한국인들의 라면 사랑은 남다른 데가 있다. 앞으로 우리 라면이 어떻게 발전해갈지 여간 궁금한 게 아니다.

짜장면

국수 음식을 말할 때 그냥 지나칠 수 없는 국수가 있다. 짜장
면이 그것이다. 물론 이 짜장면이 분식센터에서 팔던 것은 아니
다. 그렇다고 분식센터에서 아주 안 판 것은 아니지만 짜장면은
그래도 중국집[10]에서 주로 팔렸다. 짜장면에 대해서는 앞에서
이미 꽤 이야기했는데도 여기서 다시 거론하는 이유는 짜장면
이 이렇게 많이 유행하게 된 데에는 정부의 분식 장려 정책과 관
계된 면이 있기 때문이다. 앞에서 본 것처럼 미국이 원조하는 밀
이 무진장 들어오자 많은 밀가루 음식이 생겨났는데 그중의 하
나가 이 짜장면이다.[11] 물론 짜장면은 그전에 만들어졌겠지만
대중화된 것은 아무래도 1950년대 이후로 보아야 한다.

이 당시에 짜장면은 지금처럼 대중화된 저렴한 음식이 아니
었다. 1960년대에 짜장면 한 그릇 값이 15원이었는데 외식을 별
로 하지 않던 한국인에게 이 가격은 꽤 비싼 편이었다고 한다.
나도 초교 시절(1960년대)에 40원이었던 짜장면 가격이 생각난
다. 그리고 짜장면이라는 게 아무 때나 먹을 수 있는 대중음식이
아니라 졸업식 같은 특별한 날이 아니면 먹을 수 없는 '특식'이
었던 기억도 선명하다(이런 날에는 반드시 탕수육이 곁들여졌다).
당시는 1인당 국민소득이 바닥을 헤매고 있던 때라 짜장면 등으
로 외식을 하는 날이 적었다. 그러다 한국인들의 소득이 늘어나

자 짜장면은 서서히 대중음식으로 탈바꿈하게 된다. 다른 좋은 먹을거리들이 생겨나니 짜장면이 밀려나기 시작한 것이다.

이러한 현상은 앞에서 본 돈가스나 단팥빵 같은 음식과 그 궤적을 같이한다. 이런 음식들은 처음에는 비싼 음식이었는데 한국인들이 소득이 증가하면서 상층의 문화와 접하게 되자 이런 음식들을 서서히 멀리하게 된 것이다. 중국 음식도 이전에는 탕수육이나 유산슬 등 한국화된 중국 음식만 접할 수 있었다. 그러나 나아진 주머니 사정 덕에 본토의 진짜 중국 음식을 접하게 되자 한국인들은 짜장면을 변두리로 밀어내 서민의 음식으로 전락시켜버렸다.[12]

아무리 그렇다고 하더라도 이 짜장면은 우리 한국인들에게 특별한 음식이 아닐 수 없다. 왜냐하면 2006년 문화관광부에서 한국의 100대 문화 상징을 선정한 적이 있는데 그때 외국 음식으로는 유일하게 이 짜장면이 들어갔기 때문이다. 짜장면에 버금가는 중국 음식이 짬뽕인데 짬뽕은 여기에 들지 못했다. 아마 짬뽕은 조금 밀린 것 같다. 그렇지만 짬뽕을 무시할 수 없는 것이 지금 고속도로 휴게소에서 팔리는 중국 음식 가운데에 이 짬뽕도 들어가 있기 때문이다. 고속도로 휴게소에서 팔리는 음식은 그 성격상 한국의 서민들이 가장 좋아하는 음식이라 할 수 있다. 그런데 여기서 짬뽕이나 짜장면을 팔고 있으니 이 음식들의 인기를 여기서도 확인할 수 있다.

짜장면(그리고 짬뽕)이 한국인들에게 이렇게 인기를 끈 것은 여러 가지 이유가 있겠지만 그 가장 큰 이유는 물론 앞에서 본 것처럼 이 음식이 중국 음식에서 한국인들의 입맛에 맞게 바뀐 때문일 것이다. 그다음으로 꼽을 수 있는 큰 변수는 중국집의 배달 문화에서 찾을 수 있지 않을까? 지금은 무슨 음식이든지 배달을 해주지만 수십 년 전에는 오로지 중국음식점만 배달을 했다. 그래서 그 배달 가방인 철가방을 둘러싼 유머도 많았다. 이렇게 어디든지 배달을 해주니 서민들이 중국 음식들과 친숙해지지 않을 수가 없었을 것이다. 게다가 짜장면 한 그릇의 열량이 700kcal나 되어서 이 국수 한 그릇만 먹어도 배가 든든해지니 서민들이 아주 좋아하게 되었을 것이다.

그러나 이런 중국 음식의 유행 뒤에는 화교들의 애환도 있다는 것을 알아야 한다. 이승만 정권 때부터 한국 정부는 화교들에게 매우 배타적인 정책을 취해왔다. 예를 들어 화교들에게는 부동산 매매 거래를 금지하는 등 아주 강압적인 정책으로 화교들을 옥죄었다. 그리고 짜장면 가격 인상도 정부의 허락을 받아야 하는 등 화교들은 이 땅에서 살기가 힘들었다고 한다. 이 화교들이 당시에 할 수 있는 일이라고는 중국음식점을 운영하는 일밖에 없었는데 이것도 갈수록 힘들어진 것이다. 그래서 1970년대

중반부터 화교들은 한국을 떠나 대만이나 서구로 이민을 가게 된다. 내가 어렸을 때인 1960년대에는 대부분의 중국집이 화교에 의해 운영되고 있었다. 당시에는 한국인이 운영하는 중국집을 거의 본 적이 없다. 만일 그런 집을 보았다면 대단히 신기하게 생각했을 것이다. 그러나 지금은 외려 화교가 직접 운영하는 중국집을 찾기가 힘들게 되었다.

## 김밥

그다음으로 볼 음식은 김밥이다. 김밥에 대한 기억은 소풍과 깊게 연관되어 있다. 지금이야 김밥 체인점들이 많이 생겨 김밥을 아무 때나 어디서나 먹을 수 있지만 이전에는 그렇지 않았다. 소풍이나 야외 나들이 갈 때 아니면 먹지 못했던 음식이 김밥이다. 김밥이 이렇게 별식이 된 데에는 나름대로 이유가 있을 것이다. 우선 김밥은 밥 종류의 음식 가운데 휴대하기가 아주 편한 음식이다. 그리고 김밥은 두 줄 정도만 있으면 가볍게 한 끼를 해결할 수 있다. 김밥을 먹을 때는 그냥 밥을 먹을 때에 반드시 있어야 하는 국이니 반찬이니 하는 게 필요 없다(물만 있으면 된다).

김밥과 비슷한 기능을 하는 도시락도 그렇게 불편한 것은 아니다. 휴대하기도 편하고 한 끼 구실도 충실히 한다. 그러나 도시락은 그 구성이 매일 먹는 상식常食이지 별식으로 인식되지 않는다. 반찬과 밥이 분리되어 있어서 상식으로 보이지 김밥처럼 별식으로 보이지 않는다는 것이다. 그래서 학교에 가는 것처럼 일상생활 속에서는 도시락을 애용하지만 소풍이라는 비일상적인 상황에서는 도시락을 갖고 가지 않는다. 비일상적인 상황에서는 아무래도 평소에는 잘 안 먹는 김밥이 어울린다.

이 김밥을 주목해야 하는 이유 중의 하나는 이 음식이 별식의 수준에서 그 지위가 상당히 격상되었기 때문이다. 이게 무슨 말인가? 이것은 우리가 이 김밥을 나들이 갈 때나 가끔 먹는 그런 음식이 아니라 거의 주식의 수준에서 먹고 있다는 말이다. 김밥의 이러한 사정은 라면과 거의 비슷하다. 별식이었다가 주식의 수준까지 올라온 점이 그렇다는 것이다. 특히 간편하게 먹고 싶을 때는 이 김밥이 제격이다. 무엇보다도 김밥은 먹을 때 젓가락 같은 도구가 없어도 전혀 문제가 없다. 손에 들고 먹을 수 있기 때문이다. 그러니 출근할 때나 점심 때 시간이 없으면 김밥으로 한 끼를 가볍게 때울 수 있다. 김밥이 한 끼를 때울 수 있는 음식이 된 것이다. 일 년에 한두 번 먹을까 말까 한 음식이 상식이 된 것이다.

사정이 이렇게 되니 김밥 전문점들이 많이 생겼다. 2000년도 말에 김밥 전문 체인점이 전국에 4만 5,000여 개나 있었다고 하니 김밥 영업이 대단히 성업 중에 있다는 것을 알 수 있다. 체인점이 이렇다는 것이고 작은 분식집이나 개인이 혼자 파는 것까지 합하면 김밥 파는 사람이 얼마나 많은지 모른다. 그만큼 김밥은 한국인들에게 인기가 있다. 한국 사회가 바쁘고 간편 위주의 사회가 되니 김밥의 인기가 치솟는 것이다. 김찬별에 따르면 이 김밥이 체인점화된 것은 1990년대 말에 시작한 이경규의 '압구정김밥'부터라고 한다. 이 김밥집이 전국으로 확대되면서 대학가에서나 유행하던 누드김밥이나 치즈김밥 같은 것들이 전국으로 소개되었다고 한다. 이런 김밥 전문점 가운데 우리의 뇌리에 가장 선명하게 박혀 있는 집은 '김밥천국'이 아닐까 한다. 내 해석이 맞는지 몰라도 김밥으로 천국을 만들겠다고 하니 그 발상이 아주 당차고 새롭지 않은가? 그런데 우리에게는 이런 집이 아주 저렴한 음식을 파는 식당으로만 보인다. 그저 분식센터의 새로운 변신 정도로만 보인다는 것이다.

그런데 서양인들에게는 그렇지 않은 모양이다. 서양인들은 한국이나 서울에 관해서 남는 인상이 있냐고 물으면 뜻밖에 이 김밥천국 음식점을 든다고 한다. 왜냐하면 이곳에서는 싼 가격에 아주 다양한 음식을 한 번에 체험할 수 있기 때문이라고 한다. 실제로 수없이 다양한 김밥과 라면을 비롯해 찌개나 덮밥 등, 다른 식당에서는 볼 수 없는 다양한 음식이 준비되어 있으니 그렇게 생각할 만도 하다는 느낌이 든다. 사정이 이렇다면 우리도 이런 체인점에 더 신경을 써서 외국인들을 위한 관광상품으로 만들면 어떨까 하는 생각도 든다.

마지막으로 김밥의 유래에 대해 잠깐 보고 이 장을 마쳐야겠다. 김을 이런 식으로 가공해 먹는 민족은 한국인과 일본인밖에 없다고 한다. 그러니까 김을 사각 형태로 말려 그것을 가지고 요리해 먹는 민족은 한국인이나 일본인 말고는 없다는 것이다. 서양인들은 이 김에 대해 '어떻게 사람이 검은 종이black paper를 먹을 수 있느냐'면서 매우 의아해 했다는 일화는 많이 알려져 있는 이야기이다. 그리고 보니 김을 검은 종이처럼 볼 수도 있겠다는 생각이 든다. 우리는 어려서부터 이 김을 먹었기 때문에 거부감이 전혀 없지만 처음 보는 사람은 이처럼 거부감을 가질 만하겠다.

이 김을 먹는 민족이 우리와 일본인밖에 없어서 그런지 김밥의 유래에 대해서는 고유설과 외래설이 병립되어 있는 모양이다. 외래설은 일본에서 들어왔다는 것인데 내 개인적인 생각으로 우리 김밥은 일본의 김초밥(후토마키太巻き)13에서 영향 받았을 가능성이 크다. 왜냐하면 일제기에 이런 음식이 소개되기 전에는 한국인들이 이런 음식을 먹지 않았기 때문이다. 한국인이 이런 식의 김밥을 먹은 시기가 1950년대라고 하니 일제 때 먹던

김밥 전통을 이어간 것으로 생각된다. 그러나 한국인들은 일본 김밥을 그대로 계승하지는 않았다. 재빨리 한국식으로 요리법을 바꾼 것이다. 일본의 김밥은 별명인 초밥으로 불리는 데에서도 알 수 있듯이 식초를 넣어 시게 만들어 요리한다. 그리고 그 안에는 대체로 한 가지 재료만 넣는다. 그걸 가지고 간장에 찍어 먹는 것이다.[14]

반면 우리 김밥은 주로 맨밥을 사용하고 김은 참기름을 발라 구은 것을 사용한다. 그리고 속에도 일본의 김밥과는 달리 많은 내용물을 넣는다. 이 내용물들은 간이 되었기 때문에 따로 간장 같은 소스가 필요 없다. 그 종류도 다양하기 그지없다. 김치부터 치즈, 참치, 햄 같은 주요 내용물과 더불어 단무지나 오이, 시금치, 당근처럼 항상 들어가는 내용물도 있다. 이렇게 많은 음식을 한데 묶어 먹는 것에서 비빔밥이 연상되는 것은 우연이 아닐 것이다. 이 김밥에서 무엇이든 한데 모아 섞어 먹는 비빔밥 문화가 살아난 것은 아닐까? 단순한 김밥이 한국식의 '보따리' 문화로 되살아난 것이다. 그 내용물도 보면 일본에서 들어온 단무지, 서양에서 들어온 햄, 치즈, 그리고 토산인 시금치 같은 채소까지 다국적으로 구성되어 있는 것을 알 수 있다. 이런 김밥이 일본을 비롯한 다른 나라에서는 발견되지 않는다는 의미에서 이 김밥은 한국 음식이라 해도 무방할 것이다. 다시 말하지만 문화란 그

기원이 중요하지 않다. 누가 어떻게 잘 쓰느냐가 관건이다.

## 떡볶이

분식센터 음식을 말할 때 결코 빠질 수 없는 음식이 이 떡볶이다. 떡볶이는 앞에서 본 다른 분식센터 음식인 라면이나 김밥과 비교해볼 때 다소 비중이 떨어진다. 왜냐하면 앞서 말한 대로 라면이나 김밥은 거의 주식 차원까지 오른 음식인 반면 떡볶이는 별식 차원에 머물러 있기 때문이다. 그렇지 않은가? 떡볶이를 가지고 한 끼를 때우는 사람은 거의 없지 않은가. 그저 늦은 오후에 출출할 때 간식으로 먹는 게 이 떡볶이다. 그러나 떡볶이를 이야기하지 않을 수 없는 이유는 이 음식은 거의 전 국민이 좋아하는 간식거리면서 누구나 떡볶이와 연관된 추억이 있을 것이기 때문이다. 나도 예외가 아니라서 1960년대에 초등학교를 다닐 때 길거리에서 먹던 떡볶이의 맛을 잊은 적이 없다. 매우면서도 입에 착 달라붙는 맛을 잊을 수가 없다. 그러면서 아주 싸고 양도 많았다. 그래서 그런지 나중에 먹어본 떡볶이 가운데에는 내가 어릴 때 먹은 떡볶이보다 맛있는 것을 보지 못했다 (반면 요즘 떡볶이 체인점에서 파는 것들은 다시 먹을 만해지기 시작했다). 맛이란 다소 주관적이라 이 생각이 타당하지는 모르지만 어떻든 그때 먹었던 떡볶이는 평생 잊을 수가 없다.

이 맛에 대한 기억이 강해서인지 요즘 사람들이 많이 먹는 다양한 떡볶이는 당최 맛이 당기지 않는다. 예를 들어 요즘 인기 있는 떡볶이는 고추장만 넣는 게 아니라 짜장면에서 힌트를 얻어 춘장을 넣고 그 외에 라면이나 쫄면, 만두, 어묵, 달걀 같은 다른 식품들을 많이 넣어 만든다. 이렇게 만든 떡볶이가 처음으로 선보인 곳이 신당동이고 마복림이라는 할머니가 시작했다고 전해진다. 그 이후로 그곳에 떡볶이 거리가 생기고 지금도 성업 중이라는 것은 잘 알려진 대로이다. 그런데 이 떡볶이는 떡이 별로 없을 뿐만 아니라 이전의 '매콤달콤한' 맛이 전혀 나지 않아 당최 옛 맛이 나지 않는다. 그래서 나는 이것을 떡볶이라 부르지 않고 그냥 잡탕 음식이라고 부른다.

이런 떡볶이가 내게 무척 낯선 이유는 이 음식이 1970년대에 생겨났기 때문이다. 이때에 나는 이미 고등학교나 대학교를 다니고 있을 때라 떡볶이 같은 음식에는 관심이 많이 떨어져 있었다. 그래서 나는 이런 음식이 생겨난 줄도 모르고 있었다. 게다가 나는 1970대 초까지 신당동(신당역 근처)에 살았기 때문에 이런 떡볶이가 그때 생겼다면 내가 모를 리가 없다. 1990년대쯤에 들어와 신당동에 떡볶이 거리가 생겼다는 소식을 듣고, 혹은 DJ DOC라는 힙합그룹이 불러 히트를 친 〈허리케인 박〉[15]이라는 노래를 듣고 이상하다는 생각을 많이 했다. 내가 어렸을 때 싸돌

아다니던 신당동에는 떡볶이만 파는 그런 가게가 없었는데 난데없이 떡볶이 거리가 생겼다고 하니 말이다. 그런 정황을 다 고려해보면 신당동의 떡볶이 거리는 내가 신당동을 떠난 1970년대 중반 이후에 생긴 것이 확실하다. 이렇게 보면 이런 종류의 떡볶이는 매우 새로운 음식인 것을 알 수 있다.

나는 한참 앞에서 한국인들의 떡 사랑 정신이 결국 떡볶이라는 정감 어린 음식을 만들어냈다고 했다. 그럼 이런 떡볶이는 어떻게 생겨났을까? 떡볶이에 대한 설명을 보면 항상 나오는 것이 있다. 이 음식은 원래 궁중음식이었다고 하는 것이 그것이다. 그런데 지금 떡볶이처럼 고추장을 넣은 것이 아니라 간장과 소갈비를 가지고 만들었다는 설명과 함께 말이다. 그리고 이름도 궁중떡볶이가 아니라 '떡찜'이나 '떡전골'로 되어 있다는 설명도 가미된다. 이때 사용했던 간장은 조선간장 혹은 진간장이라 불리는 고유의 간장이다. 이런 전통이 그대로 이어져 노점에서 초기에 팔던 떡볶이는 이런 식으로 만들어졌다고 한다.

추정컨대 떡에 간장과 고춧가루를 넣어 기름에 볶아 만든 것이 거리 음식으로 나온 최초의 떡볶이로 생각된다. 그런데 이런 떡볶이는 그다지 인기를 끌지 못했던 모양이다. 곧 고추장 떡볶이가 등장하기 때문이다. 물론 이전의 떡볶이를 지금도 맛볼 수는 있다. 경복궁 서쪽에 있는 통인시장에 가면 아직도 이런 떡볶이를 파는 할머니들이 있다. 그 맛이 궁금해 일부러 그곳까지 가서 그 떡볶이를 먹어보았는데 역시 매운 떡볶이 맛에 익숙해 있는 내게 그 떡볶이는 별 감흥이 없었다(그래서 1인분도 다 못 먹었던 기억이 난다).

이런 떡볶이가 잘 팔리지 않자 상인들은 새로운 떡볶이를 개발했다. 우선 조선간장을 달짝지근한 일본(왜)간장으로 바꾸었다. 바깥에서 파는 음식은 달달해야 잘 팔리기 때문에 왜간장을 썼을 것이다. 이런 변화를 주었지만 여전히 시커멓게 보여 보기가 안 좋았던 모양이다. 그래서 아예 간장을 빼고 그 자리에 고추장을 투입했다. 그리고 고추장만 있으면 매우니까 거기에 설탕이나 물엿을 넣어 아주 달짝지근하게 만들었다. 내가 어렸을 때 먹던 빨간 떡볶이는 이렇게 해서 탄생한 것이다.

이렇게 만들어진 음식이다 보니까 떡볶이의 원조를 밝히는 것은 불가능할 뿐만 아니라 무의미하다. 그저 시장에서, 길거리에서, 학교 앞 문방구에서 아주머니나 할머니들이 혼자 만들어서 팔던 음식이기 때문이다. 가래떡을 구워 팔다가, 또 그걸 간장에 볶아 팔다가, 나중에는 고추장을 넣어 팔게 된 것이 떡볶이니 누가 언제 처음으로 시작했는지는 알 수 없는 것이다. 그리고 이렇게 만들어진 떡볶이가 대중화에 성공하게 된 데에는 당시에 쌀 대신 밀가루를 소비하게 만든 당국의 정책도 큰 몫을 했다고 보아야 한다.

한국인들의 이런 떡볶이 사랑은 드디어 떡볶이 전문 체인점을 탄생시킨다. 인터넷에서 찾아보면 꽤 많은 떡볶이 체인점이 있는 것을 알 수 있다. 어떤 체인점은 가맹점 1,000개 개장을 바로 목전에 두고 있고 외국(중국)에도 분점을 냈다. 이런 떡볶이 전문점 역시 분식센터의 한 변형이라 할 수 있다. 떡볶이가 중심이 된 분식센터 말이다. 분식센터의 변형이라 그런지 이런 체인점에서는 순대나 튀김, 오뎅(어묵) 등 이전에 분식센터에서 팔던 음식들을 팔고 있다. 사실 이 순대[16]나 튀김도 중요한 분식의 한 종류이지만 앞에서 본 음식들에 비해서는 그 중요도가 다소 떨어져 여기서는 다루지 않았다. 지금까지 앞에서 본 음식들은 대부분 전문 체인점이 전국적으로 있지만 순대나 튀김 체인점은 아직 전문적인 차원에서는 만들어지지 않은 것에서도 이 음식이 한국 음식에서 차지하는 비중을 알 수 있다. 한국인들은 이 분식센터에서 가장 이상적인 음식의 조합을 만들어냈는데, 그것을 순서대로 보면 '라면과 김밥과 떡볶이' 삼총사가 아닐까 한다. 한국인들의 분식 사랑은 여기서 완성되는 것 아닌지 모르겠다.

# 음식 열전을 정리하며

부대찌개를 중심으로

지금까지 나는 음식 열전에서 비교적 최근에 나타난 음식에 대해서만 보았다. 최근 것만 주로 본 이유는 전통적인 음식은 다른 책에서도 많이 다루고 있기 때문이다. 그리고 밥이나 김치처럼 우리가 주식으로 먹는 음식들에 대해서는 앞에서 한식의 역사를 살피면서 보았다. 물론 이것 외에도 한식에는 수없이 많은 음식이 있다. 냉면이나 삼계탕, 곱창, 생선회 등등 그 수를 헤아린다는 것이 어불성설일 정도다. 이런 음식들을 다 보는 것은 별 의미가 없다고 생각한다. 그리고 이런 음식들에 대한 정보는 가상·비가상 공간을 막론하고 넘친다. 그런데 최근에 생긴 음식 가운데 실로 기괴한 것이 있어 그에 대해서만 간략하게 언급하고 음식 열전을 마감해야겠다.

주인공은 부대찌개로 이 음식에 대해서는 앞에서도 잠깐 언급했다. 이 음식은 그야말로 기괴해서 꼭 한 번 짚고 넘어갔으면 좋겠다. 특히 퓨전 음식을 말할 때에는 이 부대찌개를 그냥 지나칠 수 없겠다. 사실 우리가 앞에서 거론한 음식들을 보면 퓨전 음식이 아닌 게 없다. 짜장면이나 짬뽕이 그렇고, 심지어 배추김치도 퓨전 음식이라 할 수 있다. 이 음식들은 모두 외래 음식과 한식이 섞여 만들어진 음식이기 때문이다. 그런데 이런 음식들은 그다지 퓨전 음식이라는 느낌이 들지 않는다. 너무나 우리 식단 속으로 깊숙이 들어왔기 때문이다. 그에 비해 이 부대찌개는 한눈에 극히 이단적인 음식인 것을 알 수 있다. 그래서 김찬별은 부대찌개야말로 퓨전 음식의 원조라고 말하는데 꽤 일리 있는 이야기로 들린다.

부대찌개가 왜 퓨전 음식의 원조라고 하는지는 안에 들어가 있는 식품들을 보면 알 수 있다. 부대찌개 안에는 햄, 소시지, 베이크드 빈스, 콘비프 등 한식과는 전혀 관계없는 아주 생경한 서양 식품들이 대거 몰려 있다. 이런 식품들이 한데 모여 있는 자체가 희한한 일인데 여기에 완전히 이질적인 음식인 양념 고추장을 넣는다. 그 결과 걸쭉한 국물이 만들어진다. 고추장을 매개로 이 서로 맞지 않는 식품들이 조화를 이루어 가장 비한국적이면서 동시에 아주 한국적인 음식이 만들어진 것이다. 여기에 또 라면 사리가 들어가니 일본도 가세한 것이 된다. 그렇게 보면 이 음식이 얼마나 글로벌한지 알 수 있다.

이런 부대찌개의 원조에 대해서는 '꿀꿀이죽'이라는 설이 지배적이다. 꿀꿀이죽이란 우리가 세상에서 제일 못살 때 미군부대에서 흘러나온, 미군들이 먹다 남긴 음식을 가져다 끓여서 만든 음식을 말한다. 부대찌개에 대한 더 자세한 증언에 따르면, 미군부대에서 일하던 사람들이 잔반통에서 음식물 쓰레기를 가져다 간을 맞추어 끓여 먹던 게 부대찌개라는 것이다. 그걸 큰 통에 부어 그 안에서 먹을 수 없는 것, 즉 휴지나 담배꽁초, 이쑤시개 같은 것들을 골라내고 끓인 음식이라는 것이다. 눈물 없이 들을 수 없는 증언이라 하겠다.

그런데 나도 1960년대에 꿀꿀이죽에 대해 들은 적이 있었는데 내용이 이와는 조금 달랐다. 내가 들은 바로는 꿀꿀이죽이란 제대로 된 음식을 사 먹을 돈이 없는 사람들이 끼니를 때우기 위해 음식점에서 남은 음식들을 수거해 와 큰 드럼통에 넣고 끓여 먹는 음식이라는 것이었다. 그런데 부대찌개의 원조가 되는 꿀꿀이죽은 내가 알고 있던 그 죽이 아니었다. 나는 미군부대에서 나오는 꿀꿀이죽에 대해서는 전혀 알지 못했다. 이 음식은 동두천이나 의정부 같은 미군부대 근처에서만 먹을 수 있었기 때문에, 그 외의 지역에서는 접하고 싶어도 접할 수 없었으니 이 음식의 정체에 대해 잘 모르고 있었던 것이다. 이런 사정은 부대찌개도 마찬가지였다. 부대찌개도 미군부대가 있는 지역에서만 먹던 것이라 타 지방 사람들은 그런 음식이 있는 것조차 모르고 있었다.

이 꿀꿀이죽과 달리 부대찌개는 처음에는 지금의 모습이 아니었다. 부대찌개로 탄생되기 이전 상태는 찌개가 아니었다. 초기 단계는 미군부대에서 흘러나온 소시지나 햄, 양배추 등을 버터에 볶아 만든 술안주였다. 그러다 매운탕을 끔찍이도 좋아하는 한국인들이 여기에 고추장이나 김치를 넣고 육수와 함께 끓인 것이다. 이렇게 해서 탄생한 것이 부대찌개다.[17]

이 부대찌개를 두고 '존슨탕'이라는 이름으로 부르기도 한다. 이 이름의 유래에 대해 혹자는 1966년에 미국 대통령 린든 존슨 Lyndon Johnson이 한국을 방문했을 때 그가 미군부대 인근의 식당에서 먹던 음식이 이 부대찌개라는 것이다. 당시 우리나라가 너무 가난해 미국 대통령을 접대할 게 없었다고 한다. 하는 수 없어 그 흔한 김치찌개에 햄이나 소시지를 잔뜩 넣고 끓여 존슨에게 주었더니 잘 먹더라는 것이다. 그래서 음식 이름을 존슨탕이라고 했다는 것이다. 그러나 이 설명이 얼마나 말이 안 되는가 하는 것은 세세히 설명할 필요를 느끼지 않는다. 아니 미국 대통령이 얼마나 먹을 게 없어 김치찌개에 햄을 넣은 걸 먹겠는가?

이런 말도 안 되는 설명이 지금까지 사람들 입에 회자되는 것은 이해할 수가 없다. 그러나 이런 이름이 생긴 데에는 이유가 있을 것으로 생각된다. 그 이유를 한번 추측해보면, 아마도 이 음식은 존슨의 미국 대통령 재임기간에 만들어졌을 것이다. 그때 만들어졌기 때문에 사람들이 그냥 그의 이름을 따서 '존슨탕'이라고 했을 것이다. 존슨은 1963년에 케네디가 암살당한 뒤 바로 대통령이 되어 1969년까지 대통령직에 있었는데 이 기간에 부대찌개가 만들어졌을 확률이 매우 높다.

이 음식이 전국으로 퍼져나가는 데에는 시간이 꽤 걸렸다. 아까 말한 대로 이 음식을 먹을 수 있는 사람은 동두천이나 송탄, 평택 등 미군부대가 있는 지역에 사는 사람들뿐이었다. 그래서 그런지 나도 대학을 다니던 1970년대에는 이 음식에 대해 전혀 들어보지 못했다. 그러다 1980년대 후반이 되니 조금씩 이 음식을 파는 식당이 나타나기 시작했다. 이 음식은 그 후에 사람들로부터 꾸준히 인기를 얻게 되어 전국으로 퍼져나갔다. 심지어 해외의 한식당에서도 부대찌개가 팔리고 있다고 하는데 아직 확인은 하지 못했다.[18]

이렇게 해서 최근에 생겨났으되 한국인들에게 아주 인기 있는 대표적인 한국 음식을 간단하게 보았다. 대강 이 정도면 우리 음식에 대한 큰 그림은 그려질 것으로 본다. 이제 이 책을 마치기 전에 요즘 새삼 화두로 떠오르고 있는 한식의 세계화에 대해 보기로 하자. 이 주제는 안 다루어도 되는 것인데 시중에서 말하는 한식 세계화 이야기가 핵심이 빠져 있는 느낌이라 그냥 지나칠 수 없었다.

# 나가는 말

# '한식의 세계화'에 대해 다시 생각하며

이제 이 책을 끝내야 하는데 그 작업을 위해 요즘 한국 사회의 화두 중의 하나인 한식의 세계화에 대해 몇 마디 하는 것으로 마무리하면 좋겠다. 이 주제와 관련해 가장 먼저 생각해야 할 문제는 '왜 우리 음식을 세계화해야 하는가'가 아닐까? 이것은 대단히 원론적인 질문이다. 한식의 세계화에 대해 비판적인 사람은 '우리 음식을 우리만 먹으면 되지 굳이 왜 세계화하려 하느냐? 그런 건 제국주의적인 발상 아닌가?'라고 할지 모른다. 그러나 우호적인 사람은 '이렇게 좋은 우리 음식을 세계에 알리자는 게 무엇이 문제인가? 그렇게 해서 좋은 우리 음식이 세계에 알려지면 세계인들은 좋은 음식 먹어서 좋고 우리는 우리나라를 홍보해서 좋은 것 아닌가'라고 할지 모른다.

나는 이 두 입장이 다 맞는다고 생각하는데 우리가 세계와 소통하는 것 자체는 전혀 문제가 없다. 여기서는 그런 의미에서 한식의 세계화를 논했으면 좋겠다. 한식을 먹기 싫다는 사람에게 억지로 한식을 수출하겠다는 게 아니라 한식을 잘 모르는 사람들에게 한식을 소개하는 그런 수준에서 한식의 세계화를 논의해보자는 것이다. 그것을 염두에 두고 한식을 세계화한다고 할 때 가장 먼저 생각해야 할 일에 대해 점검했으면 좋겠다.

나는 일전에 다른 책에서 한식의 세계화 방안에 대해 다음처럼 요약해본 적이 있다.

1. 외국인들을 위해 한식의 조리방법과 단위를 표준화할 것.
2. 전통 한식이 기본이 된 퓨전 요리를 개발하되 지역적 특성에 맞출 것.
3. '테이크아웃' 음식이나 배달음식 상품을 다양하게 개발할 것. 아울러 국물이 많은 한식의 특성을 고려해 '레토르트 식품'을 개발하고 이에 맞는 보온 용기나 단열 용기를 개발할 것.
4. 식재료의 유통구조를 합리적으로 개선하고 합리적인 가격산정이 이루어지도록 할 것.
5. 코스 요리 식단을 보다 더 합리적으로 짜고 전통대로 진설식으로 할 경우에는 외상 차림으로 할 것.

6. 음식에 맞는 식기의 개발 및 새로운 테이블 세팅을 개발할 것.

이런 내용은 내 책에서만 발견할 수 있는 것은 아니다. 음식 관련 다른 책을 보아도 대충은 이런 식으로 한식의 세계화 방향에 대해 서술해놓고 있다. 위의 이야기들은 모두 일리 있는 것이고 그와 같은 방향으로 한국의 음식 전문가들이 한식 세계화의 가닥을 잡고 있으니 여기서 더 거론할 필요는 없다. 내가 여기서 말하고 싶은 것은 이런 각개적인 이야기가 아니라 전체적인 이야기다. 무슨 이야기인가 하면, 한식의 세계화를 이룩하기 위해서 가장 먼저 해결되어야 할 문제에 대해 언급해보자는 것이다.

그럼 한식의 세계화 과정에서 가장 문제가 되는 것이 무엇일까? 그것은 한식의 주인공인 한국인들이 한식을 찾지 않는다는 것이다. 이 점에 대해서는 앞에서도 간헐적으로 언급했다. 지금 우리는 제대로 된 한식을 거의 잊고 있다고 말이다. 전통적인 한식 조리법의 전승은 내 생각에 우리 부모 세대(90대 이전)로 끝난 것 같다. 이게 무슨 말일까? 50대(60대도 일부 포함) 이하의 세대들은 매우 부분적으로만 한식을 계승했을 뿐, 이전 세대로부터 제대로 한식을 배운 사람이 극히 드물다는 것이다.

이 사정을 단적으로 보자. 50대 이하의 세대 사람들 가운데 장을 자기 손으로 만들 수 있는 사람이 몇이나 될까? 한식에서

장은 가장 기본적인 것이라 이에 대한 정확한 지식과 장 만드는 기술을 모른다면 그것은 한식을 모른다고 해도 과언이 아닐 것이다. 그런데 80~90대 이상의 주부들은 모두 장 담그는 기술을 완벽하게 터득한 사람들이다. 또 집집마다 전승이 달라 장맛도 다 다르다. 장맛이 다르면 음식(의 맛)도 천차만별이 된다. 이런 게 바로 한식의 묘미인데 그것을 요즈음 와서 바랄 수는 없겠다. 그러나 '한식은 장맛'이라는 말이 있듯이 장을 모르는 사람은 한식을 모른다고 할 수밖에 없다. 이런 의미에서 요즘 한국인들은 한식을 거의 잊고 산다고 한 것이다.

상황이 이렇게 된 것은 다 나름대로 사정이 있기 때문일 것이다. 우선 주거 형태가 아파트(전 인구의 47%가 아파트에 산다고 함)로 바뀌었으니 집에서는 장을 담글 수도 없다. 또 주부들은 장을 담그고 싶어도 자녀 교육이나 직장 때문에 음식 제조에 신경 쓸 겨를이 없다. 그러니 어쩔 수 없다는 것이다. 그래서 나는 내 자식들에게 '너희는 진짜 한식을 맛보지 못한다는 의미에서 불행한 세대다'라고 말하곤 했다. 이 세대(20~30대)들은 집에서 담근 '우리 집'만의 장을 본 적이 없다.

이것은 가정 안에서의 일이고 가정 밖에서 음식을 다루는 식당 사정도 그리 좋은 게 아니다. 식당에서 제대로 된 한식을 먹을 수 없다는 것은 앞에서 누누이 이야기했다. 한국인들은 외식을 할 때 한정식집에 가는 일이 거의 없다. 그러니까 비싼 돈 내고 밥을 먹을 때에는 일본식이나 중국식, 혹은 이탈리아식 같은 외국 음식을 찾지 1인분에 4~5만 원 하는 한정식집에 가지는 않는다는 것이다. 이런 비싼 한정식집에는 누구를 대접하거나 특별한 행사가 있을 때에만 간다. 예를 들어 결혼하는 집안들의 상견례 혹은 아이들 돌잔치 같은 특별한 일이 있을 때에만 한정식집에 간다는 것이다.

이러한 상황을 더 쉽게 설명해보면 이런 것이다. 우리들 대부분은 '아! 오늘은 잘 준비된 한정식이 먹고 싶네' 하면서 자신의 돈을 내고 한정식집에 가지는 않는다는 것이다. 비싼 한정식은 특별한 날에만 가는 별식이지 일상 속에서 아무 때나 마음 내킬 때 가서 먹는 것이 아니라는 것이다. 대부분의 한국인들에게 한식이란 외식할 때 그저 싸게 간단하게 먹는 그런 음식을 뜻하는 것 같다. 다시 말해 한국인들에게 한식당은 고기 구워서 술과 같이 먹는 저렴한 곳이라는 인상이 강하다는 것이다.

사정이 그러하니까 국내 유수의 특급호텔(특1급)에 한식당이 별로 없다. 아마 원래는 이 특급호텔에 한식당이 다 있었을 것이다. 그러나 경쟁력 면에서 떨어지니 사람들이 한식당들을 외면했을 것이고 그러다 보니 장사가 안 되어 모두 퇴출당한 것 아닌가 하는 생각이 든다. 특히 서울에는 특1급 호텔이 20개 남짓 있는 모양인데 그중 4~5개에만 한식당이 있다고 하니 백분율로 보면 약 20%에만 한식당이 있는 것이다. 그런데 이렇게 해서는 안 된다. 상층 문화에서 이렇게 한식을 외면해서는 안 된다는 것이다. 문화는 반드시 고급문화가 살아 있어야 발전하는 법이다. 여기서 고급문화란 사치하는 그런 문화가 아니라 격이 높아 한 사회의 문화에 방향을 제시해주는 그런 문화를 말한다. 역사가 깊고 유서가 있는 나라일수록 이런 고급문화가 시퍼렇게 살아 있다.

격조 있는 한식당은 우리 음식문화의 발전을 위해서 반드시 있어야 한다. 그런 각각의 식당에 전설적인 셰프(주방장)가 있고 각각의 셰프들이 나름대로의 다양한 음식을 제공하고 있는 것이 가장 발전된 음식문화의 모습인 것이다. 그런데 우리에게는 이런 음식점과 셰프들이 없다. 가장 고급 음식점이라 할 수 있는 호텔의 한식당이 사라졌으니 그런 사정을 짐작할 만하다. 이처럼 한국인들은 자신들은 제대로 된 한식을 먹지 않으면서 그것을 수출하려고 하니 이상한 것이다.

단언컨대 어떤 문화든 그 문화가 외국에서 인기를 얻으려면 그 문화의 주인공인 사람들(혹은 민족)이 먼저 향유해야 한다. 자신들은 별로 좋아하지 않는데 외국에 수출해 성공을 거둘 수 있는 그런 문화는 없다. 아주 비근한 예를 들어보자. 우리의 한류가 뜻하지 않게 전 세계에서 대성공을 거둔 것에 대해 많은 말들이 오갔지만 대부분의 사람들이 간과하는 것이 있다. 이것은 한 문화가 전 세계적으로 인기를 얻을 때에 기본적으로 등장하는 요인이다. 그 기본적인 요인이 무엇일까? 어떤 문화가 성공하려면 그 문화의 주인공들이 우선 즐기고 향유해야 한다는 것이다. 본인들은 별로 관심 없는데 그런 문화가 다른 나라로 수출되어서 성공하는 예는 없다.

그런 각도에서 보면 한류가 이렇게 대성공을 할 수 있었던 가장 근본적인 요인은 한국인들이 먼저 열렬히 좋아했다는 것이다. 그렇지 않은가? 한국인들처럼 노래(그리고 춤)를 좋아하는 민족이 지구상에 또 있을까? 그리고 드라마를 그렇게 많이 만들어내고 전 국민이 그 드라마에 매달리는 나라가 또 있을까? 전 국민이 그리도 노래와 춤을 좋아하다 보니 싸이 같은 국제 가수가 나왔고 온 국민이 뜨겁게 드라마를 보니 〈겨울연가〉나 〈대장금〉 같은 명품 드라마가 나온 것이다.

이 한류 현상에 비해 한식은 너무나도 변두리에 있다. 물론 지금은 상황이 계속 나아지고 있긴 하지만 아직도 한식은 갈 길이 멀다. 앞에서 말한 것처럼 한식이 제대로 자리를 잡으려면 우리 한국인들이 제대로 된 한식을 즐겨야 한다. 그런데 아직은 그렇게 하지 못하고 있다. 그러려면 전국 각지에서 뚜렷이 다른 음식들이 나오고 그 지역이나 그 음식에 관한 한 최고의 권위를 자랑하는 요리사들이 (대대로) 포진하고 있어야 한다. 전국에 한식집은 많지만 이런 유서 깊은 음식점은 찾기 힘들다.

이런 문화의 소비와 더불어 중요한 것은 연구이다. 우선 드는 의문은 과연 우리나라에 한식을 전체적으로 연구하는 학자들이 있는지 그것부터 의심스럽다. 전체적으로 연구한다는 것은 음식 자체만 연구하는 것이 아니라 그릇이나 식당의 인테리어 혹은 시중하는 법 등을 같이 연구하는 것을 말한다. 그뿐만 아니라 연구자는 음식사에도 능통해야 하고 한식만 아는 것이 아니라 세계의 대표 음식들에 대해서도 많은 지식을 갖고 있어야 한다. 과연 이런 음식 관계 전문가들이 있을까?

물론 음식에 정통한 사람들은 많다. 그러나 음식은 그릇에 들어 있는 것만을 지칭하는 게 아니라 음식문화 전체를 말한다. 아무리 좋은 음식도 이상한 그릇에 들어 있다거나 시중하는 태도가 기준 이하이면 좋은 음식이라 할 수 없다. 지금 고급 한정식집들이 갖고 있는 문제 중에는 이런 것도 포함된다. 서양의 식당을 보면 나이 많은 남자 웨이터가 아주 정중하게 손님들을 접대하는 것을 많이 볼 수 있다. 그런 데에서 최고급의 서비스가 나온다. 이런 식당에서는 그릇도 격조 있는 것들을 쓴다. 식당의 인테리어가 격조 높은 것은 말할 것도 없다. 그런데 우리나라는 아직 이런 주제를 포괄적으로 연구하는 사람이 잘 보이지 않는다.

　아니 그런 데에까지 가지 않더라도 음식 자체를 연구하는 학자들도 적다. 예를 들어 한식의 고전이라 할 수 있는 『규합총서』나 『음식디미방』 같은 책들을 본격적으로 연구하는 학자들을 본 적이 별로 없다. 사정이 그러니 이런 책에 나오는 음식은 말할 것도 없고 그 당시의 시대 분위기나 농상農商 관계들에 대해 본격적으로 연구하는 학자들은 더 없다. 대학에 식품영양학과가 많이 있지만 여기서 하는 연구는 공학적인 연구가 주류를 이루지 문화적인 접근은 제대로 안 되고 있는 실정이다. 다시 말해 음식을 놓고 영양학적인 면만 연구하지 문화적인 면은 소홀히 한다는 것이다. 음식은 인류가 지닌 문화 가운데 대표적인 주류 문화 현상인데 음식을 문화적으로 접근하지 않는다면 그것은 연구를 하지 않겠다는 것이나 다름없다. 어떤 문화든 이런 기초적인 연구가 되어 있지 않으면 절대로 발전할 수 없다. 이런 기초적인 연구가 되어 있지 않으니 한식이 발전하는 데에는 한계가 있을 수 있겠다.

　그래서 나는 이런 몇몇 가지의 이유를 들어 '한식 세계화 필패론'을 든다. 위의 문제가 해결되지 않는 한 한식 세계화는 성공하지 못한다는 것이다. 그런데 사람들은 이런 기본적인 것을 해결하려고 하지 않고 지엽적인 데에만 매달린다. 예를 들어 기존의 한식을 적당히 변형시키면, 그러니까 현지에 맞게 퓨전화하면 현지인들이 좋아할 것이라는 생각을 한다. 그런데 문화의 전달 및 확산은 그런 잔머리 가지고는 성공하지 못한다. 기본적인 것에 충실하지 않으면 품위 있는 것이 나올 수 없다. 어느 일본 요리사는 이런 말을 했다고 한다. "한국인들이 진정으로 한식을 세계화하고 싶다면 한식이 무엇인지부터 정의하라"고 말이다. 이것은 꽤 일리 있는 말이다. 우리는 아직도 한식이 무엇인지 제대로 정의하지 못하고 있다. 19세기 말의 한식을 한식이라 할지, 20세기 말의 한식을 한식이라 할지에 따라 지금 전개되는 한식 세계화 사업이 달라질 수 있다. 이런 것 역시 연구가 제대로 된 다음에야 말할 수 있는 것이다.

이러저런 문제가 산적해 있음에도 불구하고 한식(의 세계화)은 미래가 밝다고 생각한다. 왜냐하면 한식은 대단히 훌륭한 음식이기 때문이다. 한식을 접한 많은 외국의 셰프들 역시 한식의 미래를 밝게 점치고 있다. 만일 우리가 이런 한식을 발전시키지 못하고 또 세계화시키지 못한다면 그것은 우리의 문제이지 한식의 문제는 아니다. 우리의 문화적 총량이 떨어져 이런 훌륭한 음식인 한식을 발전시키지 못하고 있을 뿐이라는 것이다. 사정이 그러하다는 것에 동의한다면 한식의 융성한 발전에 동참하기를 바라면서 이 글을 마치자.

# 본문의 주

1 횟집에서 회 정식을 먹을 때마다 느끼는 것이지만 그 메뉴가 어떻게 생겨난 건지 궁금한 적이 많았다. 그 차림 순서를 보면, 제일 먼저 채소와 생선회를 고추장에 버무린 것이 나온다. 그다음에는 통조림 옥수수가 검은 색의 작은 불판에 나오고 곧이어 구운 꽁치가 나온다. 이런 음식들은 메인 코스인 회와 그리 어울리는 것 같지 않은데 이런 순서가 어떻게 생겨났는지 궁금하다는 것이다. 물론 어떤 경우가 되든지 맨 마지막에 나오는 매운탕은 필수다.

2 밥 한 공기의 원가는 쌀에 따라 다르겠지만 대중식당에서 파는 것은 300원 안팎 정도가 되지 않을까 싶다.

3 이전에는 시월상달이 되면 고사떡을 해서 집에서 고사를 지낸 다음 이웃집에 그 떡을 돌렸다. 그런데 이 떡 배달이 주로 밤에 이루어지기 때문에 받는 사람은 저녁밥이 다 소화가 된 밤에 떡을 받게 된다. 이렇게 출출한 중에 떡이 갑자기 생기니 '이게 웬 떡이야'라고 했을 것이고 이것이 일상화되어서 횡재를 했을 때 이런 표현을 쓰게 된 것이리라.

4 이 악기는 보통 '거문고'로 번역되는데 거문고는 북방 악기이다. 백결은 신라 사람이니 그가 북방 고구려 악기인 거문고를 탔을 리가 없지 않은가? 따라서 신라 계통의 가야금류 악기로 보는 것이 맞을 것이다.

5 이때 경우에 따라서 손자는 할아버지와 겸상할 수 있다. 그러나 아들은 자기 부친과 겸상하지 않는 게 조선의 관습이었다.

6 그런데 이탈리아 친구에게 직접 물어보니 스파게티 먹을 때 이탈리아

에서도 숟가락은 쓰지 않는다고 한다. 그에 따르면 숟가락을 쓰는 것은 미국에서 생긴 식습관이라고 한다.

7 '마음에 안 든다'는 건 내가 어렸을 때 들어보지 못해 마음에 자꾸 걸린다는 말이다.

8 사실 이 글자는 고대에는 喫(먹을 끽)으로 썼는데 간체화한 다음에 吃(먹을 홀)로 바뀐 것이다.

9 중국 검색엔진인 바이두(http://www.baidu.com)가 제공하는 웹 기반 백과사전을 말한다.

10 특히 조식이나 중식, 석식과 같은 아주 거친 표현은 아예 우리말에서 거두어내면 좋겠다는 생각이다.

11 사실 매운탕이라는 말은 그다지 적합하지 않다. 왜냐하면 '매운탕'은 그저 '매운 국'이라는 의미밖에 없기 때문이다. 이보다는 찌개라고 하는 게 정확하다.

12 "지중해식 '장수식단'", ≪중앙일보≫, 2003년 2월 4일 자.

안셀 키스가 말하는 지중해식은 다음과 같다.

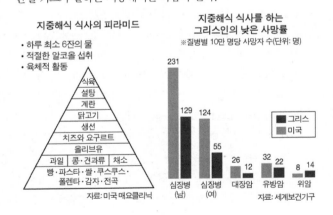

지중해식 식사의 피라미드

• 하루 최소 6잔의 물
• 적절한 알코올 섭취
• 육체적 활동

식육 / 설탕 / 계란 / 닭고기 / 생선 / 치즈와 요구르트 / 올리브유 / 과일 · 콩 · 견과류 · 채소 / 빵 · 파스타 · 쌀 · 쿠스쿠스 · 폴렌타 · 감자 · 전곡

자료: 미국 매요클리닉

지중해식 식사를 하는
그리스인의 낮은 사망률
※질병별 10만 명당 사망자 수(단위: 명)

■ 그리스
■ 미국

심장병(남) 231 / 129
심장병(여) 124 / 55
대장암 26 / 12
유방암 32 / 22
위암 8 / 14

자료: 세계보건기구

1 강인희, 『한국식생활사』(삼영사, 1978), 207쪽.

2 사실 두부도 콩이 원산지인 만주 일대에서 생겨났을 확률이 높은데 아직 자료가 발견되지 않아 속단하기는 어렵다. 두부를 두고 보통 중국 전한(기원전 2~1세기)에 만들어졌다고 하는데 그 이후에 중국 측 문헌에는 당 말이나 송 초에 가서야 두부에 관한 기록이 다시 나온다. 따라서 만일 중국에서 두부가 제일 먼저 만들어졌다면 왜 그렇게 오랜 기간 동안 두부에 대한 기록이 없는지에 대해 의문을 가져볼 만한데 해답은 아직 알 수 없다.

3 설에 따라서는 이 LA가 'lateral axis'의 약자라고도 한다. 이는 측면의 축이라는 뜻이다. 또 일설에는 LA에 사는 우리 교민들이 미국식으로 절단해 먹던 갈비가 역수입되었다고 하는 설도 있다.

4 이성우, 『한국식품문화사』(교문사, 1984), 24쪽 참조.

5 토렴은 밥이나 국수에 뜨거운 국물을 부었다가 따라내는 것을 여러 번 반복해서 그 내용물을 데우는 일을 뜻한다.

6 그래서 '소주를 내린다'라는 표현을 쓴다.

7 한국에서 제주도가 말로 유명하게 된 것은 바로 이때 원의 정부가 제주도에서 말을 키우기로 결정했기 때문이다. 물론 이 말들은 일본을 침공할 때 사용하려는 목적으로 기른 것이다.

8 물에 이 물질(하얀 돌)을 넣으면 아세틸렌이라는 가스가 만들어지는데 이 가스는 산소 용접하는 데에 쓰인다.

9 이 제목은 '도살장 문을 바라보면서 크게 씹는 흉내를 내어본다'라는 뜻이다. 이것은 허균이 자신이 좋아했던 고기를 생각하며 지은 제목이

아닌가 생각된다. 이 책은 허균의 개인 문집인 『성소부부고惺所覆瓿藁』
의 일부로 실려 있다.

10 이름은 '계향'이고 유학자인 이존재李存齋의 모친이라고 한다. 이 사람
　은 이문열 작가가 쓴 『선택』이라는 소설의 주인공이기도 하다.

11 제목에 나오는 "디미"는 한자로는 지미知味일 것으로 추측된다. 따라서 전
　체 제목은 '좋은 음식 맛을 내는 방문recipe'으로 해석될 수 있을 것이다.

12 그런데 안타깝게도 이 『빙허각전서』에서 다른 부분은 다 없어지고 『규
　합총서』만 남아 있다고 한다.

13 '규합閨閤'이란 안방을 가리키니 『규합총서』란 주부가 알아야 할 모든
　것을 말한다고 하겠다.

14 『규합총서』, 권지일卷之一.

15 Kristin Kirkpatrick, "Foods You Probably Aren't Eating — But Should,"
　*The Huffington Post*, May 6, 2011. http://www.huffingtonpost.com/
　kristin-kirkpatrick-ms-rd-ld/healthy-foods_b_857065.html#s274818title
　=Kimchi

16 이전에 겨울에 채소를 취하기 위해 가장 많이 쓰는 방법은 채소를 말렸
　다가 겨우내 먹는 것이다. 즉, '시래기'를 만들어 먹는 것인데 이럴 경
　우 문제는 채소에 있는 영양소가 파괴된다는 데에 있다.

17 가장 적절한 김치 저장 온도는 −1도라고 한다.

18 일본을 제외하고 생선회를 이렇게 많이 먹는 나라는 전 지구에 한국밖
　에 없을 것이다. 이것 역시 일본 문화의 영향으로 생각되는데 간판에
　'정통 일식'이라고 쓰여 있는 일본 식당이 많은 것도 한국밖에는 없을
　것이다. 이 식당에서는 모두 생선회, 즉 사시미 요리를 파는데 이 음식
　이 정말로 정통 일식인지는 잘 모르겠다. 우리나라가 일본의 식민지가
　되지 않았다면 이렇게 일본식 식당이 많아지는 일은 없었을 것이다.

한국인들은 의식적으로는 일본 문화를 싫어하고 멀리하려고 하지만 이렇게 몸(무의식)의 차원에서는 전적으로 받아들이고 있는 것 같다.

19 사실 우리들은 '돈가스'가 아니라 '돈까스'라 발음하는데 맞춤법에 맞추느라 하는 수 없이 돈가스라 쓴다. 자장면을 짜장면으로 바꾸기가 대단히 어려웠는데 어느 세월에 돈까스라는 이름으로 쓸 수 있을지 잘 모르겠다.

20 이것은 미국에 가서 '롯데리아' 햄버거집을 찾는 것과 비슷한 일이 아닐까? 롯데리아가 햄버거집이니 당연히 미국에 있을 것이라고 생각하는 것과 곰보빵이 서양 빵이니 미국 빵집에 있을 것이라고 생각하는 것은 흡사한 이야기가 아닐까라는 것이다.

21 이 음식은 「당고 삼형제だんご3兄弟」라는 동요가 최근에 만들어져 공전의 히트를 쳤을 정도로 일본인들에게는 친숙한 음식이다.

22 크림빵 중에 대표적인 것은 아무래도 '삼립 크림빵'이 아닐까 한다. 이 빵은 1964년에 나와 공전의 히트를 쳤는데 1980년대 초 생산이 중단되었다가 2003년에 다시 재개되어 큰 인기를 끌었다. 우리가 좋아하는 슈크림 빵 같은 것은 이 크림빵보다 한참 뒤에 나온 것이다.

23 일본에서는 이 짬뽕을 '시나 우동' 혹은 '잔폰'이라고 불렀다고 한다. 이 사정에 대해서는 주영하 교수가 쓴 『차폰 잔폰 짬뽕』(사계절, 2009)이 가장 좋은 책이라 하겠다.

24 삼양사의 '나가사키 짬뽕'이 그것이다.

25 '나름'이라고 한 이유는 저자 자신이 음식 전문가라고 말하지 않기 때문이다. 그러나 다른 책에서는 볼 수 없는 내용이 체계적으로 정리되어 있어 가치 있는 책으로 생각된다. 특히 프라이팬과 가스레인지와 관련해 최근의 한식에서 보이는 변화를 서술한 것은 그의 공로가 아닐까 한다.

26 사실 파전은 20세기 들어와서 생긴 음식이다. 따라서 프라이팬이 보편
   화되면서 나온 음식이 아닐까 한다.

27 《뉴욕타임스》, 2007년 3월 28일 자. 《문화일보》, 2007년 3월 29일
   자에서 재인용.

28 전자레인지는 제2차 세계대전을 끝내는 데 가장 중요한 역할을 한 기
   술 가운데 하나인 레이더 기술이 종전 후에 가정용으로 개발된 것이라
   고 한다.

## 3부 그 뒤에 만들어지는 한국 음식들은 뭐다?

1 예를 들어 매운맛을 엄청 좋아하는 한국인들은 라면 중에서도 매운맛
  이 나는 '신라면'을 가장 좋아한다. 신라면의 아성을 깨기 위해 많은 라
  면이 나왔고 처음에는 한국인들이 호기심에 이런 다른 라면을 먹어보
  지만 결국은 다시 신라면으로 돌아가게 된다. 예를 들어 라면의 (매운)
  빨간 색깔을 극복하고자 하얀 국물의 나가사키 짬뽕이나 꼬꼬면 같은
  라면이 나왔지만 초반의 인기는 약 2년이 지난 뒤 시들어버렸다. 이에
  비해 신라면은 20여 년의 아성을 여전히 지키고 있다.

2 이런 경향은 나이가 젊을수록 더해 20대의 내 제자들은 외국에 연수
  갔을 때 가장 생각나는 음식이 학교 앞에서 먹던 (치즈)케이크와 커피
  라고 스스럼없이 말하곤 했다. 더 이상 엄마가 해주는 된장찌개가 아니
  다! 그런가 하면 지방에서 답사 중이던 여자 교수들이 밥을 먹은 뒤 원
  두커피를 마시려고 이곳저곳을 헤매던 모습도 이런 사정을 잘 보여준
  다고 하겠다.

3 한식이 부활의 조짐을 보이는 것은 국내 특급호텔에 한식당이 다시 나타나고 있는 현상에서도 엿볼 수 있다. 그 대표적인 예로 2013년 8월에 개수를 마치고 재개장한 신라호텔이 한식당을 다시 연 것을 들 수 있겠다.

4 비빔밥에 들어갈 수 있는 재료에서 한국인들은 좋아하지만 외국인들이 싫어하는 것 가운데 대표적인 것이 깻잎 아닐까 한다. 깻잎은 향이 아주 강한 향신료 식품이다. 따라서 어려서부터 익숙해지지 않으면 성인이 되어 먹기가 힘들다. 마치 우리가 중국 음식에 들어가는 고수풀을 먹지 못하듯이 말이다.

5 예를 들어 진주에는 80여 년 동안 비빔밥만 전문으로 하는 천황식당 같은 곳이 있다. 이런 식당을 통해 우리는 진주가 비빔밥 고장이었다는 것을 간접적으로 알 수 있다. 그런데 거기까지다. 진주시가 이런 전통을 살리지 못해 그저 옛 명성으로 그친 것이다. 진주시는 이런 명물 비빔밥을 살리려는 데에 관심이 없었던 것일까?

6 당시 안동 박물관 관계자들은 이 헛제사밥을 지역의 전통 음식으로 간주하지 않았다고 한다. 그러나 어떤 식당 주인(조 할머니)이 1970년대 말에 이 헛제사밥을 소개하자 뜻밖에 인기를 끌어 안동의 지역 음식이 되어버렸다.

7 '매운탕'이라는 이름도 마찬가지다. 그냥 풀이하면 '매운 국'이라는 것인데 이 이름에도 조리 방식이 들어 있지 않다. 따라서 이런 음식들은 최근에 생긴 것이라는 것을 알 수 있다. 한국어 조어 능력이 많이 떨어진 현대 한국인들이 만들었다고 생각되기 때문이다.

8 김찬별, 『한국음식, 그 맛있는 탄생』(로크미디어, 2008), 98쪽.

9 목삼겹은 목살을 삼겹살인 것처럼 해서 파는 것이고, 오겹살은 삼겹살에 돼지 껍질 부위를 붙인 것이니 이것은 삼겹살이지 오겹살이 아니다.

10 나는 사실 이 '중국집'이라는 용어도 이상하다고 생각한다. 왜냐하면

이 중국집이라는 용어에는 음식이나 요리와 관계된 용어가 하나도 들어가 있지 않기 때문이다. 우리가 한식집을 '한국집'이라고 한다든가 이탈리아 국수(파스타) 파는 집을 '이탈리아집'이라고는 안 하지 않는가? 그런데 유독 중국음식점만 그냥 중국집이라고 하는지 그 이유를 잘 모르겠다는 것이다. 이전에 중국음식점을 '청요리집'이라고도 했는데 이것은 어법에 맞는다. 청의 요리를 파는 집이라는 뜻이니 말이다.

11 짜장면에서 빼놓을 수 없는 춘장은 한국에만 있는 것이다. 춘장과 가장 가까운 중국의 텐미엔장甜麵醬은 콩(대두)으로 만드는 데에 비해 한국의 춘장은 밀가루로 만들기 때문에 그렇다는 것이다. 여기서도 밀가루의 이용이 두드러지는데 이런 춘장이 나오게 된 것은 이때 밀가루가 흔해지면서 생긴 현상이 아닐까 한다.

12 이와 마찬가지 현상으로 생각되는데 중국의 진짜 고량주(백주白酒)가 한국에 들어오면서 한국인들이 즐겨 먹던 한국산 고량주('동해' 고량주나 '수성' 고량주 등)는 거의 자취를 감추었다. 그 이유는 중국의 진짜 고량주 맛을 한번 보면 한국산 고량주는 마실 수 없었기 때문일 것이다. 특히 고량주 향은 나지 않고 화덕 내만 나는 한국산 고량주의 맛을 참을 수 없었을 것이다.

13 일본 김밥은 '노리마키のりまき'라고도 한다. '노리'는 일본어로 김을 뜻한다.

14 김밥 중에 지금 편의점에서 인기리에 팔고 있는 삼각김밥은 논란의 여지없이 1980년대에 일본에서 만들어진 것이다.

15 잘 알려진 것처럼 허리케인 박은 신당동 어느 떡볶이집의 디스크자키이다. 나는 이 노래를 듣고 떡볶이집에서 음악을 틀어준다는 것을 처음 알았다.

16 분식에 난데없이 순대 같은 육류가 들어간 것이 다소 이상하다. 그 이

유를 굳이 추측해보면, 분식이 지나치게 채식으로만 되어 있어 단백질 보충 차원에서 육류 가운데 저렴한 식품인 순대를 넣은 것은 아닐까? 물론 순대에는 육류 말고도 곡류나 채소류가 들어가 있다.

17 처음으로 부대찌개를 이렇게 만든 이는 의정부에 있는 '오뎅식당'의 허 기숙 할머니라고 전해진다.

18 국내 신문에는 뉴욕에 있는 '단지'라는 한식당에서 부대찌개가 'DMZ라 면'이라는 이름으로 팔리고 있다고 전하고 있는데, 실제 그 식당의 메 뉴판을 보면 부대찌개는 보이지 않는다.

지은이 **최준식**

서강대학교에서 역사학을 전공하고 미국 템플대학교 대학원에서 종교
학을 전공했다. 1992년에 이화여자대학교 한국학과 교수로 임용되면서
한국학을 새롭게 공부하기 시작했다. 그리고 1990년대 중반에 '국제한
국학회'를 만들어 동학들과 한국 문화를 다각도로 공부했다. 2000년대
에 들어서는 '한국문화표현단'이라는 사단법인을 만들어 우리 예술문화
를 공연 형태로 소개하는 운동도 했다. 2013년에는 '한국문화중심'이라
는 문화복합공간을 만들어 한국 문화와 예술 그리고 종교학을 대중에게
전파하는 일을 하고 있다.

대표적인 저서로는 『그릇, 음식 그리고 술에 담긴 우리 문화』, 『한국인
에게 밥은 무엇인가』, 『한국문화교과서』, 『한국인은 왜 틀을 거부하는
가』, 『한국의 문기』, 『한국의 신기』, 『한국의 종교, 문화로 읽는다』 등
이 있다.

## 한국 음식은 '밥'으로 통한다
우리 음식문화 이야기

ⓒ 최준식, 2014

지은이 | 최준식
펴낸이 | 김종수
펴낸곳 | 도서출판 한울
편집 | 고혁

초판 1쇄 인쇄 | 2014년 4월 15일
초판 1쇄 발행 | 2014년 4월 30일

주소 | 413-756 경기도 파주시 광인사길 153 한울시소빌딩 3층
전화 | 031-955-0655
팩스 | 031-955-0656
홈페이지 | www.hanulbooks.co.kr
등록 | 제406-2003-000051호

Printed in Korea.
ISBN 978-89-460-4858-4  03380

* 책값은 겉표지에 표시되어 있습니다.